90后农科学子的夏日青春漾

■胡雨楠　主编

中国農業大學出版社
CHINA AGRICULTURAL UNIVERSITY PRESS
·北京·

图书在版编目(CIP)数据

90后农科学子的夏日青春漾/胡雨楠主编. —北京:中国农业大学出版社,2018.11
ISBN 978-7-5655-2118-8

Ⅰ.①9… Ⅱ.①胡… Ⅲ.①中国农业大学—大学生—社会实践—文集 Ⅳ.①G642.45-53

中国版本图书馆CIP数据核字(2018)第240105号

书　　名　90后农科学子的夏日青春漾
作　　者　胡雨楠　主编

策划编辑	童　云	**责任编辑**	何志勇
封面设计	郑　川		
出版发行	中国农业大学出版社		
社　　址	北京市海淀区圆明园西路2号	**邮政编码**	100193
电　　话	发行部 010-62818525,8625	读者服务部	010-62732336
	编辑部 010-62732617,2618	出　版　部	010-62733440
网　　址	http://www.caupress.cn	**E-mail**	cbsszs@cau.edu.cn
经　　销	新华书店		
印　　刷	涿州市星河印刷有限公司		
版　　次	2018年11月第1版	2018年11月第1次印刷	
规　　格	787×1 092　32开本	6.75印张	100千字
定　　价	28.00元		

图书如有质量问题本社发行部负责调换

编委会成员

指导老师：张　虎

主　　编：胡雨楠

编写人员：胡雨楠　王馨苗　伍思佳

余勤业　吴　彤　郭　琛

梁立坤　钱亦然　梁小浩

汪逸然　李炳毅

小队成员

带队老师： 张　虎

队　　长： 胡雨楠

成　　员： 胡雨楠　王馨苗　伍思佳
余勤业　吴　彤　郭　琛
梁立坤　钱亦然　梁小浩
汪逸然　李炳毅　李泽阳

/ 推荐语 /

植根于乡土田园中的青春与梦想

2018 年夏，中国农业大学食品科学与营养工程学院食工 173 班的 12 位学生，怀着青春的梦想，走进张垣大地，走进乡土田园，用双脚丈量这片乡土，用身心感受这边田园。12 位学生，用 9 天时间，深入农村、走进农户，了解民情；亲近自然、回归田园，感受乡情；探寻发展、参观企业，学习科技；明德亲民、发挥智慧，服务乡民。9 天，虽然短暂，却在生命的印迹中，留下灿烂的一抹记忆。

乡村兴则国家兴，乡村衰则国家衰。目前，我国正在实施乡村振兴战略，全面推进乡村经济、生态、文化和社会治理建设。乡村社会实践能够让当代大学生深入了解乡村自然禀赋、社会特征、经济发展，了解乡村生产、生活、生态和文化多重融合，了解乡村与城镇相互促进、共同发展的关系，为学生成长锻炼提供深厚的土壤和广阔的空间，此次社会实践活动，正是青年学子响应国家号召、践行学校办学理念、追寻个人成长足迹的生动诠释。

少年强则中国强，教育强则国家强。当代大学生担负国家兴亡、民族振兴、社会发展的使命，肩负着家族兴旺、家庭幸福的责任。通过学校第一课堂教育，能够让学生树立远大理想信念，学习专业基础知识。通过社会实践教育，能够让学生进一步升华爱国主义情怀，增长知识见识，提升综合素质。参加社会实践活动，正是青年学子融入国家发展大势、树立家国情怀、提升自我能力的有效途径。

本书生动展现了 12 位学生，9 天在乡土田园的实践画面，用细腻的文字记录了学生所思所想，希望能够带给读者对青年学子新的认识。

最后衷心感谢为此次社会实践活动给予大力支持的各位参与者；也感谢正在阅读此书的读者朋友。

指导老师　张虎

/ 推荐语 /

社会实践作为中国农业大学实践育人的特色抓手，对于提高学生思想道德素质、科学文化素质、创新创业能力，了解国情和社情，促进学生社会化发展，具有重要的作用。赴东河小镇开展社会实践的中国农业大学食品学院13名师生是2018年“乡村稼穑情·振兴中国梦”暑期社会实践318支小队的一个缩影，草原、庄稼、果实，感悟“三农”，书写青春；雕刻、焊铸、打磨，学以致用，砥砺品格。以天为底，描绘辽阔的蓝图；以地为案，书写经世的华章。在这次社会实践中，队员们真正做到了受教育、长才干、做贡献，展示出了90后学子们“顶天立地”的社会担当，以及自觉成长为社会主义合格建设者和可靠接班人的雄心壮志。

中国农业大学团委　秦颖

/推荐语/

千里之行，始于足下

2018年夏，一群朝气蓬勃的年轻人，在指导老师的带领下从中国农业大学校园走进静谧的乡村，开始了他们的暑期社会实践活动。

同学们的实践基地选定在河北省张家口市万全区北新屯乡柳东河村。万全区从历史上就尊师重教，从这里走出去的大学生也屡见不鲜。区政府、乡政府各级领导对中国农业大学师生的到来极为重视，对中国农业大学的此次暑期社会实践活动给予了大力的支持，为同学们提供了坚实的实习保障。在柳东河村搞乡村振兴建设特色康养小镇的张家口盈和房地产开发有限公司也积极主动地全程参与了暑期社会实践活动。热情的当地老乡们精心准备了自家的特色饮食，热情款待远道而来的莘莘学子。

同学们的到来为宁静的乡村带来了青春的活力、洋溢的激情以及首都高校的温暖。

同学们和乡领导、企业负责人以及当地老乡在特色民宿木屋前进行了庄严的社会实践基地挂牌仪式，共同见证了学校、政府、企业、农民一起参与乡村振兴发展农业的重要时刻。

在田间地头，同学们向老乡们虚心地学习传统农业种植知识，并和老乡共同讨论在学校学习到的先进科学种植知识。

在乡领导的带领下，同学们到当地小学和师生展开互动活动，给小同学们带去文化体育用品，了解孩子们的学习情况，了解乡村教师的辛勤工作，鼓励小同学们努力学习，今后用自己的知识服务社会回报社会。

走进老乡家中，和劳作的老乡亲切地拉家常，跟老乡学习制作当地特色面食。

走进村边的山林，认识当地特色植物，看老乡种树绿化家园。

在现代化的农产品加工厂，看当地企业家带领老乡们利用当地特色农产品制作出销售到全国各的精美食品。

在特色农产品种植基地，与返乡创业大学生交流，体会创业艰难，感受知识重要性。

短短几天的社会实践很快结束，同学们带来了现代农业知识，带走了传统农业的经验；给当地小学生带来了努力学习的榜样力量，带走了特色农产品深加工提高当地农民收入的思考。

同学们已经返回学校继续大学生活，留下的却是中国高等教育与新农村建设相结合的发展契机，东河小镇期待着在未来与同学们一起收获更多美丽的花朵。

体验新农村风貌，了解新农民生活，思考新农业发展。

解民生之多艰，育天下之英才。

东河康养体育小镇　赵志军

/ 推荐语 /

好事情！

天天晒太阳，促进了钙吸收。

天天爬山下地，锻炼了筋骨。

和不同的人群交流，开阔了眼界。

把论文写在祖国大地上！

老校友　可普茶客

/ 推荐语 /

暑假社会实践，让当代大学生去认识自身，认识社会，是一个提升自我、锻炼成长的宝贵平台。

在这个夏天，作者和她的小伙伴们离开了大都市，离开了“象牙塔”，来到冀北农村和金工车间，走进乡村、漫步工厂，体验生活、感悟人生，去感受最真实的社会生活，体味最真实的人间冷暖。

在乡村，在工厂，从小生活在城市的作者和她的小伙伴们遇到了一些“困难”：下着雨的旅途、需要和村民同宿的夜晚、烈日下的辛苦劳作、养殖场难闻的气味、车间里操作台前排队的等待……。但后来，留在大家脑海里的却是：一望无际的壮美草原、大娘的关心和美食、山上采摘野菜的惊喜、完成调研任务的兴奋、“圈粉”无数的帆船工艺品……

这些文字，也许并不华丽，但这些文字背后却透露着真实的感受。这就是作者和她的小伙伴们度过的一个实实在在的夏天，这就是这群90后农科学子真实的青春模样！

“人的一生只有一次青春，现在青春是用来奋斗的；将来青春是用来回忆的。”相信这个别样的夏天，一定会珍藏在这群孩子的未来记忆里……

责任编辑　何志勇

前　言

作为中国农业大学食品学院2017级学生，我们6名小仙女住进了备受瞩目的女生宿舍——公主楼B1512。这6名来自天南海北的姐妹自成为舍友的那天起，就成了一家人。学习时间里，我们一起上课，一起去图书馆；业余时间里，我们一起锻炼身体，一起欢歌，一起大快朵颐。因我们同出同进的时候，喜穿粉色T恤衫，又被同学们给了个名号：粉色小仙女。

在2018年的暑期，我们以金工实训为主题，分工合作，集体完成了“B1512”小仙女微信公众号漫画内容的连载更新。这部分内容一经公众号推出后，在我们的微信朋友圈中引起了广泛的关注。

在2018年的暑假，B1512小仙女们还积极响应共青团中国农业大学委员会（简称团委）的号召，与同班的6名大帅哥一起组成中国农业大学“乡村稼穑情·振兴中国梦”暑期社会实践活动小组，完成了为期9天的社会实践活动。在下乡实践内容设计上，我们做到了天天有能够落地的实践活动，并及时通过新浪微博、微信公众号把当天的实践活动以文字、图片及视频的形式推送到网络上，让更多关心关注“中国农业大学‘乡村稼穑情·振兴中国梦’社会实践”和“乡村振兴·青年作为”话题的读者们看到。

在过去近20年的时间里，虽然每年都有暑期，但唯独2018年的这个暑期过得格外充实。上述活动的圆满完成，给了我们一个全新的暑期模式，我们将获益终生。

本书分为上、下两篇。在上篇“让我们来上一场说走就走的暑期社会实践”中，团队日志由梁小浩撰写，队员随笔日志分别由郭琛、胡雨楠、梁立坤、吴彤、伍思佳、余勤业、王馨苗、李炳毅、钱亦然、汪逸然撰写。图片由伍思佳、梁立坤、汪逸然等提供。胡雨楠、汪逸然完成了视频拍摄和剪辑工作。

在下篇“夏日里的B1512小仙女们有了一次金工实习”中，原创图片绘制人为胡雨楠（魑魅魍魉）、王馨苗（中心对称），文字创作人为王馨苗、胡雨楠、伍思佳（梅菜扣肉）。

胡雨楠完成全书统稿。

感谢同学陈禹蒙为本书精心绘制了封面图片。感谢老校友可普茶客，是她的提议，让我们的思路逐渐由完成一项一项独立的活动，走向了体验乡村，漫步工厂，迎来了一场90后农科学子的夏日青春漾……

目　录

上篇

让我们来上一场说走就走的暑期社会实践

即将开启 9 天的社会实践

社会实践寄语

我们的新浪微博号：中农东河小镇实践小队

准备好了吗？

今天是一个阳光明媚的日子。下午，中农东河小镇实践小队成员们一起制订了为期 9 天的实践计划，明确了小队成员的任务，即前期与河北省张家口市万全区北新屯乡政府及万全区北新屯乡柳东河村东河小镇的协调人取得联系，了解当地需求和目标，通过网络发放东河小镇的开发意见调查问卷。中期前往柳东河村结合当地易地扶贫政策并发挥专业特长，对当地的农作物、食品等方面提出建议，通过新媒体平台对东河小镇进行多方面宣传，带动旅游产业；前往附近村庄进行入户调研，了解当地民情。后期根据实践调研结果对小镇开发提出建议，并加大力度宣传。

本着科学实践、认真负责的态度，我们首先对社会实践目的达成了共识。队长胡雨楠提出，要积极落实党的十九大报告中提出的“实施乡村振兴战略”，了解并积极参与到当地政府对该村的易地扶贫工作中去，为把原村建设成为集休闲、娱乐、度假为一体的康养体育特色小镇而奉献力量。经过激烈的讨论，我们确定了团队努力方向：根据小镇自身优势与发展方向，在小镇综合服务设计方面提出合理化建议，在呼应“康养体育，养老健身”主题的同时，推动农业与文化、科技、生态、旅游、教育、康养等深度融合，最终形成休闲农业和乡村旅游等农村新产业新业态。希望在这种新的发展模式下使农民在经济与精神两方面受益。

小队成员在一起商讨实践计划

在确立方向后，我们积极展开了工作部署，确认成员分工，以便更好地完成工作。大家十分积极主动，形成了“劳苦之事则争先，饶乐之事则能让”的团队氛围。同时考虑到个人的工作兴趣以及性格特点，最终决定由胡雨楠整体负责项目，汪逸然负责宣传，王馨苗负责资料管理，伍思佳负责拍照记录，梁立坤负责项目财务，郭琛负责物品管理，吴彤负责医疗，余勤业负责通讯联络，梁小浩负责日常记录，钱亦然负责交通协调，李泽阳负责调研，李炳毅负责新闻报道。

小队成员热火朝天地讨论中

我们最终决定在2018年7月24日早晨5点出发，于当天中午到达河北省张家口市万全区柳东河村，计划在8月1日结束实践活动。

讨论结束之后，大家激情高涨，满怀信心。一群心怀“解民生之多艰、育天下之英才”信念的年轻人决心努力奋斗，为当地的建设奉献自己的一份力量。

东河小镇，我们来了！

CAU社会实践第一天

北京至东河康养小镇

今天是我们社会实践的第一天。

北京下起了雨，淅淅沥沥，却无法阻止我们前进的步伐。凌晨 5 点，天微亮，小队成员就冒雨开始了一天的旅行。

我们于 7 点 12 分登上了火车，一路上，我们兴奋地发表着自己的感想，表达着自己对此次下乡社会实践的满怀憧憬。大家纷纷表示要以饱满的热情迎接未来一周的挑战和困难。车窗外的景色让我们初步了解了河北这片大地。当火车从高山间穿过，映入眼帘的是云雾缭绕的美丽风光，驶过接连不断的隧道，我们不禁想起了先辈当初建设铁路的艰辛。俗话说，前人栽树，后人乘凉，不论是先辈还是此时的我们，都承载着自身的使命。想到这里，农科学子的使命感油然而生。

我们出发啦

11点左右，我们乘坐的火车到达了目的地——河北省张家口市万全区柳东河村。下了火车，我们发现这一带尚在建设中，交通不便，好在栗竹冉叔叔和乔志伟叔叔热情地接待了我们。他们考虑到交通不便，特意为我们安排了接送的汽车。栗叔叔和乔叔叔就是负责东河小镇开发建设的，未来9天，他们将是我们此次实践活动的全程协调人员。在带队老师、食品学院张虎副院长的带领下，我们迅速与他们完成了对接工作。吃过简单的午饭后，我们一行人乘车前往基地。路旁的农田中长满了作物，满眼都是绿色。放眼望去，一片田园风光让人心旷神怡，美丽的景色暂时让我们忘记了旅途的奔波劳累。

到达基地后，这里的叔叔阿姨十分热情地帮助大家一起收拾住宿的房间。虽然住宿条件十分简陋，女生们甚至还要和当地的村民一起住，但是我们还是能体会到当地人为我们的到来而做的准备，心里很是感动。

安顿好之后，我们与协调人栗叔叔、乔叔叔进行了沟通，对我们此行的目标、任务有了更明确而细致的认识。我们及时地根据当地实际情况，对出发前拟好的实践计划进行了一些调整，以便更加有效地完成实践任务，也可以发挥我们的优势，帮助当地做好宣传工作，同时设想能从多个角度对当地进行深入考察，力争能在调研的基础上提出自己的创新性建议，以期更好地为当地建设尽一份力。

我们计划在未来几天完成以下实践活动：第一，进行村访，完成学校发布的调查问卷；第二，向小学生捐赠学习物资，鼓励并支持他们的学业；第三，与电商结合，宣传推广本地特色作物，通过微信平台或微博等新媒体进行售卖和宣传；第四，利用所学专业知识，对当地作物在加工、烹制等方面提出改良和创新建议，增加农副产品竞争力；第五，通过新媒体对小镇进行形象宣传，制作周边景点自然景观的小视频，也可以尝试利用众筹等形式吸引游客。

双方讨论结束后，我们与赶来看望我们的万全区北新屯乡副乡长樊少伟和宣传委员陈永星进行了交流，对当地有了更深的了解。樊少伟副乡长对我们此次实践活动寄予了深切期望，当即决定第二天就派来媒体记者随同我们一起完成对村民的采访调研任务。同时，还表示将与当地电视台合作，对我们的实践活动进行跟踪报道。看到领导对我们此次实践活动如此重视，我们一个个摩拳擦掌，暗暗下定决心一定要圆满完成调研任务。

大家齐聚村头老树下讨论实践计划

当天，我们来到了柳东河村易地扶贫改造后正在建设的康养体育小镇——东河小镇的建筑工地，我们在其中一幢尚未竣工的小木屋前举行了“中国农业大学学生社会实践基地”挂牌仪式。小队全体成员和带队老师张虎副院长、乡镇领导们一起幸运地成为这段历史的参与者与见证者。我们感到很自豪，成为中国农业大学来到这里的第一支实践小队。我们相信将来还会有更多的实践小队源源不断来到这里，共同践行学校“解民生之多艰、育天下之英才”的校训。

“中国农业大学学生社会实践基地”挂牌仪式

晚上，当地的阿姨用纯天然的食物为我们制作了丰盛的晚餐。肉类毫无膻味，这是大家印象最深的。在重视食品安全的今天，绿色食物一定会逐渐成为大家的选择，我们希望中国未来的食物能更安全，更绿色。

直接从地里摘来的西红柿，好吃得很

队员随笔日记

2018年7月24日　星期二　天气：雨

郭琛

今天一大早，我们小队一行人冒雨从北京出发，历经较为漫长的车程，终于到达了我们的目的地——河北省张家口市万全区柳东河村。一路颠簸，村子的模样离我们越来越近，未出发时的期待与担忧，路上的好奇与疑惑，这一切较为复杂的心情伴随着我们的到达逐渐消失。村子里绿树掩映，庄稼生长，清风凉爽，除了雨后山路泥泞交通不便，整体的自然环境还是不错的，有发展的潜力。我们的住宿条件虽然有点儿艰苦，但比想象中还是好一些，毕竟我们也做了较为充足的准备。村子里大小禽畜比较多，我们需要注意安全，注意饮食，注意身体健康！接下来的几天，我们任务依旧繁重，希望一切顺利！我们初心不变，努力做出自己的一份贡献！

胡雨楠

今天我们一行 13 人来到了河北省张家口市万全区柳东河村，一路上的景致从城里的高楼大厦，逐渐变成了乡土田园。等到了我们要住宿的地方，却发现路上全是泥泞，没有自来水，没有现代化的厕所，蔬菜大多是茄子和土豆，甚至女生们还要和村里的大娘一起住。每一项都在刺激我们的神经。但是短暂的震惊之后，乐观的我们纷纷开始找起了乐子。开始和院子里的小狗大宽“谈笑风生”，到山后的井里打来甘甜的山泉水……乐观起来，一切都似乎变了。原来体验过才知道，茄子炖土豆是那么美味；厨艺惊人的大娘，做的馒头都能让人吃得有滋有味；还有村里的支部书记，也没有想象中那么严肃，非常亲切地表示会全力支持我们的工作。

第一天到柳东河村，虽然不能说是完全适应了村里的情况，但是感觉一切都是那么新奇有趣。虽然遇到了一些困难，但是男生女生互帮互助，有困难共同克服，感受到了同学情。希望我们接下来的实践能像今天一样，大家苦中有乐，不畏艰难，共同前进。

梁立坤

今天是社会实践活动第一天，为了早点到达实践地点，我们选择了比较早的一趟火车。不过早上的雨的确有些麻烦，为我们的行程带来了一些不便。

坐在火车上，我们离学校越来越远，眼前的景色也不断变化。大约一小时左右，便是一片云雾缭绕呈现在眼前，一座又一座的山连绵不断，让我们这些在学校看惯了城市高楼大厦的学生感觉有点新鲜。

终于，我们到达了河北省张家口市万全区，空气还不错，温度也适宜，司机师傅开车送我们到达目的地。当地的叔叔、阿姨对我们可热心了，为我们准备了一些新的生活用品。虽然此时外面下起了大雨，但是吃着阿姨准备的超级好吃的晚餐，我们心里暖暖的！

总的来说，第一天过得还算不错，让我们对后面几天的生活充满了期待。

希望我们明天的行程顺利！

扫一扫观看当天活动视频　扫一扫观看当天活动视频

CAU社会实践第二天

新　河　村

今天的天气十分晴朗。当我们起床时，山上还有些微冷，明媚的阳光透过树叶洒了下来，明暗交替的景致让人愉悦。

早饭后，我们按计划在栗叔叔的带领下一起来到田间，伴着朝阳和晨露，在田地里学习了油菜的相关知识。以前我们只是在课本上见到的农作物，现在真正见到了地里生长的实物，聆听了当地专家的讲解，对我们今后的学习和未来的科研都产生了积极的影响，也激发了我们未来对这一领域继续深入研究的决心。

我们今天的另一个任务是到新河村的小学捐赠书籍和学习用品。我们早早出发，乘车到达了小学 。我们惊喜地看到，小学的基础设施还是很

在油菜花海中接受现场教学

不错的，既有健全的教室用于学习，也有美丽的小操场供孩子们锻炼身体。但是教师资源和学生数量对于一所健全的小学而言还远远不足。也许是因为时值假期，校园里略显冷清。接待我们的校长杨老师召集留在村里的学生们，和我们一起举办了严肃而短小的捐赠仪式。皮肤晒得黝黑的杨老师衣着简朴，看到孩子们与他亲切的眼神交流，我们内心升起了一股敬佩之情，这就是浓浓的师生情吧。仪式结束后，杨老师与一群孩子抱着我们捐赠的书籍和学习用品前往图书室，他们的身影让人印象深刻——他们沐浴着阳光，带着微笑。

在小学举行捐赠仪式

在两位小学生的带领下，我们前往当地住户进行走访。在第一位小朋友的家里，我们遇到了他的小伙伴。在与这些可爱的小朋友进行交流时，感到他们正处在天真无邪的童年生活中，就像当初的我们——贪玩而且对世界充满好奇。我们经过询问才知道，这个村小学生源越来越少，学校坚持办学已是很不容易的事情了。

随后我们来到了第二位小朋友的家里，这是一对双胞胎姐妹。女队员们热情地送给孩子们漂亮的梳子和本子，并与她们交流。其他的队员们则向孩子的母亲了解了一些孩子们的学业情况。在当地，孩子们读完小学后就会去县城上中学。姐妹俩在小学的表现还是不错的。不过由于经济问题，孩子的母亲也时常会离开家去县城打工，这在一定程度上造成了孩子的教育监督空白。好在姐妹俩比较自觉，能听老师的话按要求完成自己的作业。

我们希望通过力所能及的努力，转达国家及中国农大对当地学生的关心和期望，希望这里的孩子们可以努力学习，长大之后成为建设当地的栋梁之材。对我们自身而言，今天的活动让我们了解到了中国真实的农村。看到在艰苦条件下依旧努力学习的小朋友们，对我们有着极大的激励。希望我们可以在未来学有所成，利用自己的专业知识，为中国广大农村未来的花朵们做出更大的贡献。

来到小朋友的家里进行家访

队员随笔日记

2018年7月25日 星期三 天气：晴

吴彤

清晨，窗外透入的第一缕阳光和习习的凉风将我们从睡梦中唤醒，崭新的一天拉开了帷幕。走出院子，目之所及是各种各样的绿：墨绿、翠绿、嫩绿、草绿……高低错落，重重叠叠，织成了一匹壮丽的绿色锦缎。远处的大团白云就像是柔软的棉花被，在草地上投下了巨大的阴影。良田美景，鸡犬相闻，宛若世外桃源。

吃过饭，我们一行人带着早已准备好的礼物——课外书和作业本，来到了新河村小学。这所乡建小学只有20名学生，是名副其实的“小学校”。学校的校长热情地接待了我们，进入校门，迎接我们的是一张张开心的笑脸。人造草地足球场、篮球场，一间间整洁的教室……这一切都彰显了当地政府对教育的重视。看到这些淳朴可爱的孩子们能够学有所教，我们也松了一口气。真心希望我们带来的这些学习用品能够给孩子们增加学习知识的力量，愿他们永葆纯真无邪的笑容，学有所成。

伍思佳

在清凉的乡下度过第一晚。

鸡鸣，日升，我们又开启了一段新征程。

在田间学习了油菜花的相关知识后，我们在樊副乡长等乡干部的带领下走家问户，与当地居民进行交流，还为当地乡小学带去我们提前准备的名著书籍和小礼物。

此行令我感触最深的是一个五年级的小男孩——当我把足球递给他时，他说他想要书，想在课余无聊的时候看看书。一股暖意涌上心头——我看到了孩子对知识的渴望，我亦看到了希望。的确，他们接受的教育同城市比较而言有差异，他们盯着我们，眼神陌生、好奇却又胆怯，他们需要更好的教育，他们需要更开阔的世界，这是我最真真切切的体会。

余勤业

睡足了9个小时，迎着徐徐凉风，沐浴着暖暖阳光，我们早早地起了床。享受了花卷、鸡蛋、玉米糊等可口的早餐后，大家走出院子，参观油菜花田，学到了课本之外的知识，也拍了很多令人赏心悦目的照片，美美的。

接近中午，太阳高高地升在头顶，我们走进新河村小学，陪同学们踢足球，把书籍和玩具分享给小同学们。看着他们脸上的笑容，我们的心里也充满了阳光。

回到我们的小屋，开始享用丰富的午餐。除了小院里现摘的黄瓜、西红柿和蒲公英用来凉拌以外，热情的阿姨还给我们包了香喷喷的西葫芦肉包子，再来一碗热腾腾的西红柿鸡蛋汤，棒极了！

饱餐之后，我们走访了村里的两户人家，与叔叔阿姨和小同学们聊了聊家里的情况，在比较艰苦的条件下，小同学们刻苦学习，获得了许多奖状，真的很优秀！

愉快而有意义的一天结束了，期待明天的入户调研活动。

扫一扫观看当天活动视频

CAU社会实践第三天

北新屯乡

今天的任务是极有意义的。

我们要与当地农民及务工人员做深入交流，以了解当地的实际情况，从而实现以点带面地了解中国农村的实际情况。

经过先前的初步了解，我们已经知道了当地的大致情况：当前面临最主要的问题是劳动力流失，大量的劳动力离开了农村，前往城市打工。在这样的背景下，我们决定首先走访与我们一起生活的当地村民，再走访一些务工人员，然后寻找一些当地的劳动力进行走访。

早饭过后，我们与一直共同生活的大爷进行了一次交流，他的生活情况良好，身体健朗，两个孩子都在县城里有工作。大爷现在基本处于颐养天年的阶段，他十分珍惜现在来之不易的幸福生活。

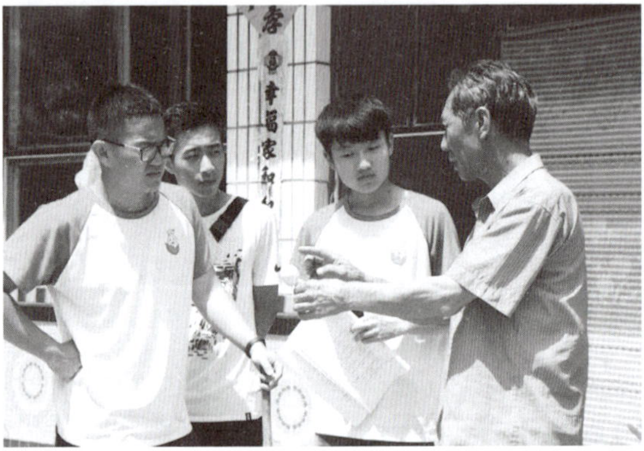

队员们入户调研

随后，我们来到附近田间，在田埂上与正在干活的农民们进行了交流。他们大多来自外地，在这里打工赚钱，过着简单的生活。

为了调查当地劳动力情况，我们决定首先从当地的养猪场人员开始调研。在路上，交通不便，让我们遇到了困难，在步行的情况下，路途依旧艰辛。养猪场的臭味也让人困扰，走到猪场背面，臭味十分严重，严重影响呼吸。尽管条件艰苦，我们最终还是与在猪场巡逻的工人进行了交流，达到了调研的目的。

吃过午饭后，我们开始爬山，前往山那边的另一个贫困村进行调研。据了解，政府在山上种植了大量松树，我们希望能偶遇一些忙碌中的村民。“翻山越岭”这四个字说来容易，做起来却难。山上只有河流冲刷出的小石子路，沿着这条石子路往上走，我们还遇到了约50°的陡坡，爬在陡坡上，有一种随时会摔落下去的错觉，幸运的是团结的我们战胜了一切困难。一路上的野草也对我们的前行造成了阻碍，有时看不到地面，很可能踩到暗坑，有时候身体可能被草木划伤。即使路途艰难，沿途我们还是找到了不少的乐趣，比如采摘四处可见的蘑菇。在当地村民的指导下，我们学会了辨别可食用蘑菇，大家收获颇丰，暂时忘掉了长途跋涉的疲惫。

从山上采来的蘑菇

功夫不负有心人，在我们登上山顶后，总算遇到了几位正在挖坑植树的农民。通过与他们的交流，我们得知了不少当地情况，比如当地比较干旱，农业不够发达，收成无法提高；比如当地人员外流十分严重，村子的土地近乎荒芜；比如当地人员向城市转移过程中，住房与就业成为他们面临的主要问题。

返回的路上我们遇到了一位捡石头的老奶奶，

在农民劳作的山顶调研

她过着简单的生活，日常主要是放牧自家的牛。她比较关心的是医疗、交通等问题。

整体而言，在我们看来，当地最严重的问题是没有形成支柱产业，传统农业收入太低，纯粹的务农生产无法养活农民，从而导致了人员的外流，最终造成了农村的空心化现状。

希望农村越来越好，希望农民的生活能越来越好。

调研老奶奶的生活情况

队员随笔日记

2018年7月26日　星期四　天气：晴

王馨苗

山区特有的凉意混合着青草的香气，伴着一缕灿烂的阳光，组成了我们的早晨。吃过大娘精心准备的早饭，我们出发前往附近村庄进行采访。路途并不轻松——此时的阳光已经由明媚转变为毒辣，我们的防晒手段在它面前脆弱得不堪一击——但是我们依旧按计划完成了村访任务。中午大娘做了当地的特产——黄米糕，香甜软糯、口感极佳！下午我们徒步翻越了几座山，在山中遇到了当地几位种树的村民，还遇到了一位放牛的老人，我们同他们交流了许久，了解到了一些当地村庄的情况。傍晚，我们在空地开起了篝火晚会，大家围着火堆跳舞，欢声笑语洋溢在空气中许久未散……虽然今天非常疲惫，但是这一天的经历非常难忘，希望今后的几天实践活动也能顺利进行！

李炳毅

今天是我们社会实践的第三天，依据我们的目标，踏上了前往养猪场的路，利用我们“敏锐的嗅觉”，轻而易举地找到了正确的路。倒霉的是，侧门竟然不开，多亏出门带上了“声波炮牌”大嗓门，才把巡逻的工人师傅“轰”过来。在交流过程中，即使乡音难懂，我们也坚持完成了调研工作。在回程的路上，我们只能边走边找路，“跨过山和大海，穿过人山人海”之后，终于平安回到住宿地。

经过中午的修整，下午我们前往大山的深处。路途中遇到了几个本地的农民伯伯，经过询问，我们深入了解当地情况，顺利完成了任务。

高山之上，于其顶俯视山川河流，有一种羽化登仙之感，细品之下，此山可为时下流行的真人 CS 之所也……或许可以在未来作为旅游开发的特色项目之一。

两小时之后，我们拖着疲惫的身体回到了基地。虽然沿途辛苦，但还是有点小收获——蘑菇。在当地人的带领下，我们学会了辨别蘑菇是否有毒，这就是所谓的在实践中学习吧。

钱亦然

早餐是馒头和绿豆小米粥，还有一枚可爱的鸡蛋。不算丰盛，在远离喧嚣的宁静村庄中也算是一种享受。

今天小组按计划进行村访。我们根据当地情况，决定访问东河村的建筑工人，在当地务工的人员大约有10人。同时，临近东河村有一个养猪场，有部分本地人在厂里工作，是非常理想的走访对象。于是，我们一行人，踏着朝阳，穿过一道道斑驳树影，出了我们的小根据地。

出了院门不远就有人正在忙碌，说起话来没有丝毫的含糊，倒是我们这些涉世未深的学生略显拘谨。完成东河村内的访问，我们一行人继续向养猪场前行。与一般观念不同，这可能是附近最现代化的工厂了，那些无忧无虑的猪仔们享受着有地暖的猪舍和营养丰富的饲料。途中穿行于乡间的土路，未经修缮，崎岖不平，遍布石子和散落的淤泥。树影斑驳，草木茂盛，眼尖者还能发现几朵硕大的野山菌。无奈猪场味道实在不太“友好”，我们完成访问就匆匆回村吃午饭，个个狼吞虎咽。

下午稍事休息，太阳正高时我们又收拾好行囊，准备去附近的山中碰碰运气，寻找几位在山中干活的村民进行走访。这里植被覆盖率非常高，空气清新，途中甚至还碰到了受惊的野鸡。我们用镰刀和手锯，在山中生生开出一条小径。每登上一座小山包，放眼望去，尽收眼底的都是一片翠绿。这里主要种有松树，树龄大约 20 年，已经初具规模。绵延起伏的丘陵，覆着随心所欲生长的草地，完全就是与世隔绝的场景，让人顿生敬畏，走路都有些顾忌。途中我们遇到了一群正在植树的大叔和一位放牛的大娘，便一一做了小小的访问。回到村中时已是太阳西斜。组员也顾不上讲究，纷纷痛饮山泉水，以此作为今天日程结束的标志。通过走访我们能真切了解到村民的生活和感受，当地的景色也是优美如画。希望明天天公仍旧作美，为小组的进一步实践多行方便。

扫一扫观看当天活动视频

CAU社会实践第四天

草原天路

天气晴朗，今天我们的主要行程是去东河小镇附近的草原天路，了解那里的旅游资源，以我们自己的角度写出一份独特的旅游攻略，丰富东河小镇的旅游线路，争取吸引更多游客来这里旅行。

中午，我们乘车出发，迎面而来的是清爽的山风。沿着蜿蜒曲折的公路前行，我们一路欣赏沿途的景色，满眼望去，一片碧绿，充满了大自然的味道。

第一个令人印象深刻的场景是牛羊吃草的一幕，“风吹草低见牛羊”应该就是最合适的描述了，一幅悠然自得的自然画卷就这样展现在我们的眼前。

翻过几座山后，我们到达了一处广阔的湖面。宽广的湖面与远处的草原、更远处的蓝天白云一起构成了一幅宏大壮阔的江山景色。远眺湖面，人的心情也随之开朗起来。更美丽的是湖水，当部分阳光透过云层，照到水面上，此时湖面上明暗交替，波光粼粼，有一种宛如神迹的景象，令人欣喜、激动。

我们继续乘车向前，穿过一片树林后，徒步登上了山峰，山上最美丽的是大石柱群。难以想

随手一拍就是电脑桌面背景的草原天路

象那样规整的六棱形石柱竟是天然形成。它们仿佛被技艺高超的石匠细细打磨过，自然整齐地排列在那里，让人不由得感叹大自然的鬼斧神工。

尚待开发的草原天路一隅

接着我们乘车前往古长城遗址。在那里，海拔超过了1 600米，有一种仿佛可以触摸到天空的感觉。站在山上向远处看，视野十分辽阔，可以开阔人的心胸。若是在长城附近向下看，向近处看，则是绵延不绝的陡崖，联想当年古人修筑长城于此，以高山为阻，保卫家园，那是何等的豪情壮志。回顾历史，一种与先祖同在，中华民族源远流长的归属感从心底缓缓升起。

一览众山小

参观完古长城之后，我们继续出发，刚好有一台风力发电机大风车矗立在路旁，我们决定停车，近距离观察风车。在远处看时，难以判断风车的大小，等到近距离看时，才发现风车其实很大，站在风车下，有一种风车叶片将要与你相撞的压迫感，十分刺激。

高耸入云的发电风车

路边种植了许多当地特有植物——胡麻，还有很多农民沿路售卖胡麻子。看到当地人只简单翻炒就直接售卖的方式，身为中国农业大学食品学院的学生，我们讨论了它作为经济作物的食用性和可能更好的加工方式，并将其作为未来可能研究的一个方向。

草原天路的景色非常美丽，人自然的气息十分浓郁，确实是旅游的好地方。

队员随笔日记

2018年7月27日　星期五　天气：晴

汪逸然

三天的时间已经过去。

今天我们去了当地著名的草原天路。我们经过了一处石柱群，高耸的石柱非常壮观，石柱上的纹路也很清晰，阳光照射在石柱上，光影交错，更添一分奇幻的色彩。天路上的景色更为美丽，蓝天，白云，山川，树林，一一映入眼帘，这些美景在脑海里构成了一幅彩色水墨画，富有诗意，让人无法忘却。天路上的游客很多，每个游客的脸上都洋溢着开心的笑容，果然，美景能让人心情愉悦。

看完了天路的美景，在回程的路上，我们近距离地见识到了利用风力来发电的大风车，不得不说，风车之大远远超过我的想象，在风车附近，连相机都框不住它的全貌。

一整大的考察快快乐乐地结束。希望接下来的几天我们能够顺利地完成实践活动！

扫一扫观看当天活动视频

CAU社会实践第五天

东河小镇

今天我们的主要任务是完成对东河小镇宣传的宣传视频，以及广告的后期制作。早饭后的例会上，小伙伴们各自选择了任务后，忙碌的一天就开始了。

事实上，为了推动小镇的发展，我们在前期已经做了很多准备工作，了解当地的风土民情和地理环境情况；也进行了实地考察体验，还登山以增进对当地的了解。我们对做好宣传工作充满了信心。

胡雨楠与汪逸然应当是最辛苦的队员了，两人作为团队制作视频的技术担当，肩负着重要的任务。他们必须一秒一秒地审查视频，并适当地添加背景音乐、字幕介绍，工作量相当大。他们拿出了极大的耐心，做好了打持久战的准备。

讨论宣传方案

制作广告的梁立坤也比较辛苦。这位队员要为整个小镇做广告宣传，既要言语幽默，又要形式新颖。他尽管是一个机智的男孩子，仍然陷入了苦苦思索之中，经过一番努力，终于写出了广告第一稿。但很可惜，没能过关，他必须进行修改，写出新的版本。我们都相信，他一定会圆满完成任务。

还有为小队近几天工作进行总结的郭琛，根据前几天的活动，写出了新闻稿并发送给学校，将我们小队的阶段性实践情况如实转告给学校团委。

制作草原天路旅游攻略的钱亦然和余勤业也非常努力，他们根据资料和自己的亲身体会对西天路的开发提出自己的看法，为潜在的游客们提供可能的几套方案，以吸引更多观光客，为当地旅游业的繁荣奉献自己的一分力量。

在大家奋力工作的过程中，伍思佳同学扛着沉重的摄影器材到户外，将小镇最美丽的一面用相机记录下来，用作各方面宣传的素材。她的努力，让我们的宣传工作变得更加有声有色。

为了扩大宣传范围，我们决定在继续制作新浪微博“中农东河小镇实践小队”的同时，制作微信公众号“CAU东河小镇实践小队”实时推送内容，以扩大阅读量、增加关注度，以保证完成好宣传任务。负责宣传工作的是制作微博的李泽阳和王馨苗，以及辛苦学习新技能推送微信公众

进行宣传工作讨论

号的吴彤、李炳毅和梁小浩。从小喜欢掌握各种技能的李泽阳、王馨苗，面对制作微博这一任务从容不迫，相信他们的作品一定会令人满意的。同时，微信推送的制作也在如火如荼地进行着，尽管大家此前并没有做过这样的工作，但在自己的努力和队友的帮助下，大家都顺利完成了计划内的工作。

今天，小伙伴们奋力工作，力图圆满完成宣传任务，大家携手共进，互相配合，一起度过了充实的一天。

队员随笔日记

2018年7月28日　星期六　天气：晴

郭琛

今天微风吹拂，天气凉爽。早饭后大家元气满满，在院子里精神饱满地开会。在一片严肃而活跃的氛围中，大家都领到了各自的任务，开启了全新工作的一天！临近中午，阵阵饭香传来，顿时食欲爆棚。看着一桌丰盛的农家饭菜，我们不禁垂涎欲滴，连连赞叹。餐前甜品——油炸糕真的是太妙了，配上白糖别有一番风味，就连之前不是非常喜欢吃糕的我都觉得妙哉，可能是好久没吃了吧。凉拌西红柿很是爽口，农家自己种的黄瓜也是原汁原味，阔别已久的面条勾起了我熟悉的记忆，肉也不错嘛！喜欢吃也喜欢讨论吃，饭桌上大家谈笑风生也是一道“亮丽”的风景线。好一顿朴实却又很有味道的午饭！下午大家继续完成实践任务。夕阳西下，凉风习习，一天就要过去，我们仍在继续！

滴，第五天打卡！

胡雨楠

经过前几天的实地考察，同时我们还收集了东河小镇很多文字资料、照片和视频素材，总算到了本次实践的关键部分，为东河小镇进行宣传策划。

身为组长，一大早我就把全体队员召集到一起，分配了宣传工作任务。我们明白，只有宣传工作做好了，才会有游客到这里来旅游消费，才可以使这个村子脱贫致富。因此，我们感到身上的担子非常重，每一步都要精心策划。

我负责小镇宣传片的制作，如何做得既吸引人又精彩，真的是让我为难了很久。

经过一天的研究和制作，历经 10 个小时，扶着酸痛的“老腰”和快断了的脖子，终于剪出来一份宣传片的初稿。剩下几天还需要继续补充素材和完善，希望我们的努力能为这个小镇带来新的生机和发展。

我的队友今天一个也没闲着，有的制作公众号，有的为这个小镇的作物精加工出谋划策，有的则在各大旅游网站上撰写旅游攻略。希望通过我们全方位的努力和宣传，能使这个小镇让更多人了解，并愿意来这里消费。

梁立坤

今天是我们来到东河小镇的第5天，经过前4天的熟悉，我们已经大概了解了这个小镇的一草一木，不得不感叹，这里的空气是真的清新，天气也相当凉爽，和北京比起来简直是天壤之别。

队长胡雨楠一大早就召集我们开了一个小型会议，分配了大家接下来的工作。会议结束后大家开始了忙碌的幕后工作，剪视频的剪视频，做编辑的做编辑，拍照的拍照，分工明确，各司其职。我也开始构思自己需要负责的新闻稿，努力把新闻稿写得好一点。

午饭后，我们进行了短暂的休息，我和队友“扣肉”同学一起去外面拍照片，在炎热的烈日下，我们不怕艰辛，到处寻找精彩的风景，耐心地拍下一张又一张照片（这么辛苦，队长晚上不得给我们加个鸡腿?)，虽然十分辛苦，但也拍得十分开心，拍照技术也有所提高，感觉所有付出都是很值得的。

最后不得不说，这一天下来，大家真的都非常辛苦了，尤其是队长，不仅需要管理好队伍中的每一位同学，自己还要负责大量视频整理的工作，工作了一天，可以说是非常劳累了。

相信我们接下来的生活会更加充满乐趣，心里还有点小期待呢！

扫一扫观看当天活动视频

CAU社会实践第六天

东 河 小 镇

实践虽然已经过去大半，但我们的热情和活力丝毫没有减弱。

今天我们实践的主要任务是亲自到农田里了解各种农作物，然后增进我们对当地建设项目的理解，以便接下来改善自己的工作。

我们首先到达的是油菜田，此时油菜花正开满农田，不禁让人想起一首由王银抒写的诗歌《油菜花》：

蝴蝶翩翩而来，又走了
蜜蜂嗡嗡作响，又走了
他们都来了，也都走了
不要哭，亲爱的
为什么他们都不娶你？

只因你太美了
美得有点傻
下次，如果有下次
你只要留一半美丽给自己
他们就都是你的新郎了

油菜花四片花瓣，整齐地围绕着花蕊，朴实无华。花瓣十分精致，有细细的纹路，那是技艺多么高超的雕刻家也无法雕琢出来的。中间的花蕊弯曲着凑在一块，仿佛在说着悄悄话。油菜有坚韧的根茎，茂密的叶子，它就像栽种它们的农民们一样的淳朴与粗犷。

队员们积极为这片油菜花田除草，努力干活，不一会儿就满头大汗。

我们又来到玉米田里观察，再过一个月，这里的玉米应该就可以收获了。我们到苜蓿田里与农民交谈，向他们学习除草、种地的方法。小队成员李泽阳还兴致勃勃地亲自实践了一番，体会

在农民指点下除草

了农田劳作的艰辛。

苜蓿是多年生草本植物，似三叶草，耐干旱，耐冷热，产量高而质优，又能改良土壤，因而被广泛栽培，主要用于制干草、青贮饲料或用作牧草。苜蓿含有大量的粗蛋白质、丰富的碳水化合物和B族维生素，维生素C、维生素E及铁等多种微量营养素，不仅可用于家畜饲养，也是人类最古老的食物之一。人们主要食用苜蓿早春返青时的幼芽，苜蓿芽营养成分高，含有丰富的膳食

美丽的波斯菊与玉米相映成趣

纤维，且仅有很少的糖类，热量非常低，是一种上佳的高纤维低热量食物。当地农民希望苜蓿不仅成为食品，更可以成为人们观赏的对象。

在田间，我们还在农民伯伯的指导下挖了很多野菜，让大家吃到原生态、无污染的田园风味食品。

最后，我们来到种植波斯菊的田地中。波斯菊十分美丽，有很高的观赏价值，我们都非常喜欢。

择野菜

在花海中除草

队员随笔日记

2018年7月29日　　星期日　　天气：晴

伍思佳

“锄禾日当午，汗滴禾下土”，今天我们终于下田啦，一路上蛐蛐为我们引路。苜蓿地里除杂草，我们笨拙的样子引发了老农一阵阵爽朗的笑，不到10分钟，顶着烈日的我们就已经“哭天喊地”了。其间我们向老农请教了关于地里的一些情况，还收获了老农赠予的一大把野菜，当作是加餐啦！一整天的劳动，从苜蓿地到玉米地，再到波斯菊田……虽然不小心破坏了一点点植物，不过拔杂草的收获还是满满的。

余勤业

今天已经是实践的第6天了，小队成员们的意志丝毫没有减弱，虽然烈日依旧当空，但这并不能阻挡我们出行的热情。

9点，正是农民伯伯在农田里挥汗如雨的时间，我们换上耐脏的鞋，卷起裤腿，走进玉米田、苜蓿地。听村民们说，这里常年少雨，在我们来的前两天出乎意料地下了几天雨，所以庄稼都充满了生机。跟着农民伯伯，男生们拿起锄头，除去苜蓿地里的杂草；女生们迈进波斯菊田里，观察不同种类的波斯菊。我们还意外地收获了一大把野菜，给我们的午饭增加了菜品。

或许是上次莜面吃得很尽兴，大娘又准备了一盆莜面团，同学们自己动手做起了莜面窝窝和莜面鱼鱼，搭配茄子和番茄的双茄汁浇头，真是美味佳肴。

天气炎热，吃完午饭大家享受了难得的午休，下午又出门去观察植物。这一天虽然疲惫，但大家的斗志不变，相信大家会继续努力，期待明天的活动！

吴彤

又是一个艳阳天，屋外阳光暖融融的，直照到了人的心里。吃过大娘精心准备的早饭，我们实践小队一行人下到农田，亲身体验了一回日出而作、日落而息的农家生活。行走在高高的田垄上，脚踏着松软的泥土，感受着来自大地的无限生命力，极目远望这“一畦春韭绿，十里稻花香”的美景。田地里，几位农民伯伯正忙着给作物除草，在他们的悉心照料下，作物们以挺拔的身姿来回报农人的汗水。我们也撸起袖子，卷起裤管，加入火热的劳动中，“汗滴禾下土”不再是课本上苍白的文字，此刻是如此的生动。经过一天的忙碌，我们满怀欣喜地迎来了静谧的夜晚。星河耿耿银汉迢迢，虫鸣幽幽夜漏沉沉，良辰美景退尽一天的劳顿。期待明天会有更好的表现吧。

扫一扫观看当天活动视频

CAU社会实践第七天

杏花沟村

今天又是充实而忙碌的一天！

今天已经是实践的第 7 天，我们感觉时间走得很快。想到再过不久，就要离开这里，心中不免有些怅然。

其时，恰逢浙江大学的老师们也来到了张家口，计划要对这里的一些项目进行考察。活动接待方考虑到我们彼此间项目的相似性，就给我们这些年轻学子与这些浙大师长们安排了近距离交流的机会。

一大早，我们便乘车前往杏花沟园区，这个园区是一个红色旅游景点，充满了正能量。

我们一行人首先前往的是张家口的八角台。八角台的观礼台是当年邓小平同志阅兵的地方，站在山上，整个地区的山势、地形都尽收眼底。考察的项目就在眼前这一地区，已经开始了建设，可以看到部分土地被推平，正在有序地施工中。我们前往项目会议室，由当地的专家向大家展示了这里未来的城区规划，不仅规划了居民区、商贸区，还有大学城。各个区域井然有序，清晰明了。

在张家口“小平同志观兵处”合影留念

结束了忙碌的上午，我们稍事休息，又与浙大老师们一同前往冬奥会的建设地点进行观摩。

2022年冬奥会设施建设已经如火如荼地展开，当地打出了“让冰雪产业扎根”的口号，为各产业、各公司提前做好了地理规划。这些有远见的企业大多来自中国大陆和台湾地区，还有美国以及欧洲的国家，我们为他们的高瞻远瞩而兴奋，相信未来的冰雪产业将会借助冬奥会的召开得到更好地发展。

参观冰雪城建设

我们还参观了中国农业大学的校友创业基地。在这里创业的校友张师兄和郝师兄不辞辛劳，从欧洲引入了新品种树莓在此地种植。经过无数次试验，终于实现年产量 2 000～3 000 千克/亩，比起国内其他树莓种植基地，师兄们的效益明显高了很多。

与浙江大学老师们合影

郝师兄细致而无保留地给我们介绍了树莓的种植、生产、包装以及销售全流程，其间还耐心地解答了我们这些刚入学一年的准食品业未来从业者的提问。在与同行调研的浙大老师们交流的过程中，我们也对乡村振兴和扶贫建设有了新的认识。

通过学习，我们初步认为，树莓的确可以尝试引入当地进行种植，再利用中农大在种植上的强大技术支撑，充分增加产品的高附加值，不失为一个提升当地经济收入的优良项目，值得推荐。

参观校友创业基地——树莓大棚

今天又是车马劳顿的一天，尽管疲惫，但我们的收获更多，这一天非常充实，也非常有意义。

夕阳美景

队员随笔日记

2018年7月30日　星期一　天气：晴

王馨苗

今天，我们清晨出发，前往中国农大的实践基地进行调研学习。上午，我们与浙大校产系统的老师们一起到了八角台公园，在这里我们得以俯瞰整个张家口实践园区。我们请教了有关农业管理发展方面的事宜，学到了不少有益于今后发展的知识，也为回去助力东河小镇建设积累了经验。

中午稍事休息后，我们参观了张家口冰雪设备产业园区，这也为东河小镇的建设学习了经验，小镇响应政府号召，也将建造滑雪场。一天的忙碌之后，我们跟随中国农大的师兄前往他们的树莓实验大棚，体验了采摘的乐趣，也学习了创业和种植的知识。

钱亦然

今天按照安排，我们离开东河村，来到张家口市杏花沟，与浙大校产系统来这里考察的队员一同前往八角台公园。八角台公园是一处位于沙岭子区高地的公园，因“八〇二”军事大演习一举成名，那是新中国成立以来一次大规模、多兵种协同作战的演练。当时，党和国家、中央军委主要领导人齐聚八角台，共同观摩了这场举世瞩目的大演习。矗立于山巅俯瞰，整个市区尽收眼底。我们立于山顶聆听了此处未来的规划，各个小镇村庄，总体向体育健康靠拢，看齐2022年的冬奥会。这与我们的实践地——东河村，也实现了无缝对接。各项规划有理有据，也给我们对于东河村的规划建议提供了很多灵感。

享受一顿正常的午餐后，稍事休息，下午我们去了一个滑雪设备工业园区，在总体规划处听取了对于工业园区的规划设计：接轨冬奥会，并将滑雪运动扎根张家口，大力发展冰雪产业。园区内部已有各大滑雪品牌入驻。东河村重建也有设立滑雪运动场的初衷，所以整个园区的设计也对我们有着不小的现实意义。整日行程紧锣密鼓又有条不紊，为实践添加了不少社会元素。

李炳毅

又是晴空万里、艳阳高照的好天气。

今早6点起床，经过一路“摇头晃脑”的

颠簸路程，终于到了目的地。此处满山遍野红花绿叶，于如此良辰美景之地，饮一壶清水，感触颇深。

片刻之后，车起程，前往八角台。于山巅之上，放眼望去，可见整个城市规划，这给我们欠缺的乡村扶贫知识提供了知识补充。

时光飞逝，下午已至，我们坐车参观众多大企业。于其处，我们见证未来多种小镇的发展规划，最重要的是参观了为2022冬奥会而建的滑雪场。工程宏大，可谓是鬼斧神工。

扫一扫观看当天活动视频

CAU社会实践第八天

东 河 小 镇

今天是社会实践的倒数第 2 天，今天我们的主要任务是查漏补缺以及感谢一直以来照顾我们的大娘。

早上我们从红色景区乘车出发，前往一个燕麦厂进行参观。作为食品专业的学生，参观燕麦厂有助于增长我们的见识，这让我们很是兴奋。

经过了解我们得知，燕麦为禾本科植物，耐寒、抗旱，对土壤的适应性很强，能自播繁衍。《本草纲目》中称燕麦为雀麦、野麦子。燕麦不易脱皮，所以被称为皮燕麦，是一种低糖、高营养、高能量食品。燕麦性味甘平，能益脾养心、敛汗，有较高的营养价值。燕麦富含膳食纤维，能促进肠胃蠕动，利于排便，热量低，升糖指数低，降

参观北燕燕麦厂燕麦博物馆

脂降糖，也是高档补品之一，在贫苦地区是不可缺少的干粮。

燕麦厂的流水线作业给我们留下了深刻的印象，通过工作人员的介绍，我们对燕麦的处理、加工和储存有了基本的认识与了解。身为食品专业的学生，此次参观也对我们未来的学习方向有所指导和帮助。

参观北燕燕麦厂

中午，我们乘车返回村里，和同吃同住了8天的大娘一起包了一顿饺子。队员们对大娘十分感谢。这一周多的时光，大娘为我们制作了当地的各种食物。我们有困难时，也经常向大娘寻求帮助，我们与大娘之间建立了良好的情感。在即将分别之际，我们能做的，也就是包一顿饺子以表谢意了。

和大娘一起包饺子

中国北方历来有在过年、过节或者重要的日子里包饺子的习俗，今天我们这群东南西北汇聚在一起的同学也体会了一次包饺子的快乐。队员们热情高涨，兴致盎然。说起来也是有点汗颜，长这么大，尽忙于读书升学了，包饺子对大娘而言非常简单的一件“小事”，对我们而言，却成了一项“大工程”。不过，虽然大家包饺子时显得有些不熟练，但是大家认认真真，一步一步操作包出了非常好吃的饺子。

齐心协力包饺子

傍晚，我们在小院里进行了进一步的总结。昨天的观摩对我们有很多启发，我们也有很多的感想与灵感。因此，我们又进行了激烈的讨论，对我们将形成的调研报告中一些不切实际的想法及时删除，对原先不曾想到的地方增加内容，修改完善，以期做出令大家满意的成果。

充实的一天很快就过去了，想到明天就要离

队长组织每日傍晚例会

开，只想向所有帮助我们的人表示感谢，是他们的支持让我们能做得这么好。

队员随笔日记

2018年7月31日　星期二　天气：晴

汪逸然

我们的社会实践之旅已经接近尾声，我们从附近的中国农业大学实验基地赶回了柳东河村。

今天我们全体队员一起商量，为了感谢大娘几天的照顾，决定为她包一顿饺子以示谢意。虽然我们来自各个地区，包的饺子风格不一样，但我们包得开心，吃得开心，在这片小村子里留下了一份独特的、珍贵的回忆。

吃完午饭，我们去了燕麦厂进行参观，见到了当地比较先进的燕麦加工生产线。傍晚我们开始对整个社会实践活动进行总结，大家讨论得非常激烈。

总的来说，在这8天的实践活动里，我们每一天都过得非常充实，即使有些劳累，我们依然能找寻到快乐。

扫一扫观看当天活动视频

CAU社会实践第九天

大娘，我们会回来的！

今天，我们的实践活动正式结束了！

我们早早起床，收拾好了所有物品，吃过早饭后踏上了离别的旅程。

与大娘的分离让我们有些伤感，但人生“没有不散筵席”，离开是必然的。我们就尽力地以种种组合和大娘一起拍照留念，试图把我们在一起的一幕永远定格在手中的镜头里。

依依不舍地与大娘告别后，已临近中午，我们与乡党委书记王亮，乡长霍晓永，乡党委委员、副乡长樊少伟，宣传委员陈永星以及栗竹冉、乔志伟和赵志军叔叔伯伯一起吃了午饭。他们对我们这次的社会实践活动表示肯定，对我们所做的工作表示认可。我们也对叔叔伯伯们的支持和帮

临别前与大娘合影留念

助表示了真诚的感谢，同时也希望当地能够在地方政府的领导下，把柳东河村越建越好，早日实现全面建成小康社会的奋斗目标。

扫一扫观看当天活动视频

哇，我们上新闻了

8 月 3 日，在张家口市万全区人民政府官网首页动态“万全要闻”上，当地人民政府办公室以《亲

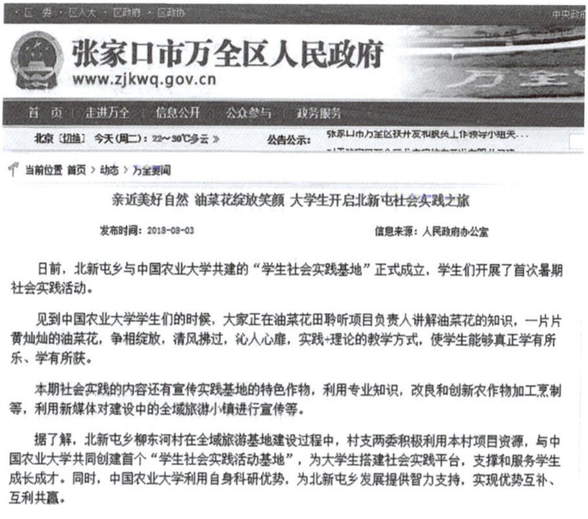
· 区 委 · 区人大 · 区政府 · 区政协

张家口市万全区人民政府
www.zjkwq.gov.cn

首 页 | 走进万全 | 信息公开 | 公众参与 | 政务服务

北京 [切换] 今天(周二)：22~30℃多云 »　公告公示：

当前位置 首页 > 动态 > 万全要闻

亲近美好自然 油菜花绽放笑颜 大学生开启北新屯社会实践之旅

发布时间：2018-08-03　信息来源：人民政府办公室

日前，北新屯乡与中国农业大学共建的“学生社会实践基地”正式成立，学生们开展了首次暑期社会实践活动。

见到中国农业大学学生们的时候，大家正在油菜花田聆听项目负责人讲解油菜花的知识，一片片黄灿灿的油菜花，争相绽放，清风拂过，沁人心扉，实践+理论的教学方式，使学生能够真正学有所乐、学有所获。

本期社会实践的内容还有宣传实践基地的特色作物，利用专业知识，改良和创新农作物加工烹制等，利用新媒体对建设中的全域旅游小镇进行宣传等。

据了解，北新屯乡柳东河村在全域旅游基地建设过程中，村支两委积极利用本村项目资源，与中国农业大学共同创建首个“学生社会实践活动基地”，为大学生搭建社会实践平台，支撑和服务学生成长成才。同时，中国农业大学利用自身科研优势，为北新屯乡发展提供智力支持，实现优势互补、互利共赢。

张家口市万全区人民政府官网新闻截图
（图片来源：http://www.zjkwq.gov.cn/article/20180803/000926620-2018-32897.html）

近美好自然　油菜花绽放笑颜　大学生开启北新屯社会实践之旅》为题，发布了我们这次社会实践的新闻。

在此前的7月30日，万全广电也以《亲近美好自然　油菜花绽放笑颜　大学生开启北新屯社会实践之旅》为题报道了我们这次的社会实践活动。真是让人兴奋！

全文如下：

亲近美好自然　油菜花绽放笑颜
大学生开启北新屯社会实践之旅

日前，北新屯乡与中国农业大学共建的“学生社会实践基地”正式成立，学生们开展了首次暑期社会实践活动。

见到中国农业大学学生们的时候，大家正在油菜花田聆听项目负责人讲解油菜花的知识，一片片黄灿灿的油菜花，争相绽放，清风拂过，沁人心扉，“实践＋理论”的教学方式，使学生能够真正学有所乐、学有所获。

本期社会实践的内容还有宣传实践基地的特色作物，利用专业知识，改良和创新农作物加工烹制等，利用新媒体对建设中的全域旅游小镇进行宣传等。

据了解，北新屯乡柳东河村在全域旅游基地建设过程中，村支两委积极利用本村项目资源，与中国农业大学共同创建首个“学生社会实践活动基地”，为大学生搭建社会实践平台，支撑和服务学生成长成才。同时，中国农业大学利用自身科研优势，为北新屯乡发展提供智力支持，实现优势互补、互利共赢。

（王晓燕）

我们的成果

在小镇自身发展方面，我们从不同角度为小镇的发展提出了许多建议，利用我们的专业知识为小镇设计了符合当地作物特点和适于各类人群的食谱，并为这里的特色农作物提出了多样化的加工方式。

在小镇对外宣传方面，我们为小镇撰写了旅游攻略，并发表在小红书、携程等旅游网站上；为小镇拍摄剪辑了宣传视频，写了许多版本的广告词；撰写了多篇新闻报道，同时在微博、微信等公众平台上发布推送，进行宣传；为小镇建立了电商平台，并且为其组织众筹活动。

在进村扶贫方面，我们到访当地小学，鼓励和慰问当地学生并赠送了书籍、文具等；我们还在村中入户调研，了解当地村民的生活现状。

在本次实践过程中，我们在完成既定目标的同时，也发现了当地存在的一些问题，我们就这些问题进行了分析思考，并提出了解决这些问题的建议：

一、在东河康养小镇的上风口有一座养猪场，致使小镇附近存在环境卫生问题。我们分析，这座养猪场之所以没有与其他村民一同搬迁，原因可能是安土重迁，或者由于搬迁过后的安置工作没有落实。我们对此提出的建议是，小镇负责人同当地政府协商，安顿好养猪场搬迁的善后事宜。

二、由城区通往小镇的道路有些还是干涸的河道，漫水路在汛期交通十分不便。我们分析，道路交通不便，主要是因为柳东河村在搬迁之前本身就地处偏远山区，搬迁之后小镇交通等基础设施还没有建设完善。交通对于一个康养体育小镇来讲十分重要，我们对此提出的建议是在河道处修筑堤坝，或者在河道上修筑桥梁。

三、这里的通信条件很差，室内手机几乎没有信号。我们分析后认为，这里地处山区，信号发射基站数量少。对一个旅游度假村而言，通信是很重要的基础条件，想要解决这个问题，我们提议小镇负责人与通信公司沟通，多建立几个信号发射基站，在小镇开放之后实现互利共赢。

新媒体宣传

微博　相册

中农东河小镇实践小队

07-24 又轻又薄的小米5c

#中国农业大学“乡村稼穑情·振兴中国梦”社会实践##乡村振兴·青年作为# 【CAU东河小镇实践第一天】凌晨五点，阴雨连绵，我们一行人出发去往火车站；七点火车出站；由于雨天路滑，到站时火车延误了二十分钟；几经辗转之后，我们到达了目的地——东河康养小镇；之后我们进到老乡家里，收拾房间…全文

微博宣传

“小红书”宣传

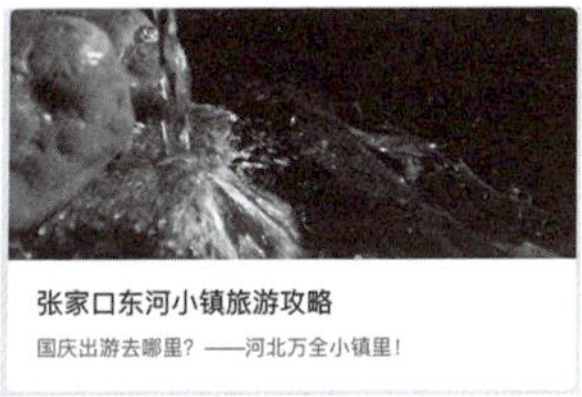
张家口东河小镇旅游攻略
国庆出游去哪里？——河北万全小镇里！

公众号宣传

张家口东河小镇旅游攻略
东河小镇实践小队 B1512 4天前
宜
避暑
旅游
2018年
夏天
死宅
颓废
绿意盎然的农田，清新爽朗的空气，莺歌燕舞不绝于耳，登上山巅美景尽收眼底！
那是哪里？如此美丽！
您可以在这里体验爬山的乐趣，
您可以通过采摘来体验丰收的快乐，
您可以在篝火晚会中狂欢，来释放的自己，
您可以同恋人共赏星空，享受人生美好时光！
这就是河北万全东河小镇，紧邻中国十大最美的草原天路。
快说！在如此美丽的小镇，应该怎么玩！

公众号宣传

调查问卷回收及分析

康养小镇问卷回收

在实践活动开始前，我们已经提前设计好了调查问卷，从人们了解度假村的途径，去度假村的目的、时间，期望的设施条件，消费水平等多方面的问题进行了问卷调查，发放的人群主要是来自北京市及周边地区的青年人和中年人，共收回有效答卷204份。

我们的调查结果显示，大多数人选择在周末及法定节假日去度假村待上1～3天，但频率不高。将近一半的人是通过旅游网站来了解、选择度假村，且半数以上的人们出于放松心情、休闲娱乐的目的来此。超过80%的人偏向于舒适、风格多样的住宿环境。人们普遍能接受每人每天餐饮住宿500元以下的价位，90%的消费人群不喜欢只提供套餐模式，人们对露营烧烤和温泉的呼声最高。

鉴于以上调查结果，我们建议：

1. 在旅游网站上推出1～3天的旅游攻略；

2. 打造风格多样的住宿环境，减少商业化元素；

3. 提供面对普通消费人群的项目；

4. 在周末、节假日举办一些年度主题活动，如土豆节、莜面节、油菜花节、篝火晚会等；

5. 提供帐篷、烧烤架给游客；

6. 提供土豆、茄子、西红柿等蔬菜采摘项目；

7. 给天文爱好者提供观星台。

康养小镇问卷调查结果

第 1 题　您通常选择去度假村或农家乐的时间是?

选项	小计	比例
周末	59	28.91%
法定节假日	81	39.71%
平时休闲娱乐	35	17.16%
从不	29	14.22%
本题有效填写人次	204	

第 2 题　您去度假村或农家乐的频率是多少？

选项	小计	比例
每周一次或更多	4	1.96%
每月一次	22	10.78%
每季度一次	53	25.98%
每年一次或更少	125	61.28%
本题有效填写人次	204	

第 3 题　您会选择在度假村待多长时间？

选项	小计	比例
1～3 天	156	76.48%
一周	22	10.78%
一周以上	4	1.96%
从不	22	10.78%
本题有效填写人次	204	

第 4 题　您主要通过哪些途径了解到度假村？（多选）

选项	小计	比例
旅游网站	85	41.67%
朋友推荐	155	75.98%
广告宣传	44	21.57%
单位或学校组织	46	22.55%
其他	33	16.18%
本题有效填写人次	204	

第 5 题　您选择度假村的原因是什么？（多选）

选项	小计	比例
休闲娱乐	128	62.75%
舒缓压力，放松心情	142	69.61%
养老、养生	22	10.78%
聚会	80	39.22%
体育健身	14	6.86%
其他	23	11.27%
本题有效填写人次	204	

第6题 您对度假村内服务设施的需求是什么？

选项	小计	比例
星级化建设	25	12.25%
普通舒适型	95	46.57%
特色多样型	84	41.18%
本题有效填写人次	204	

第7题 您在餐饮、住宿上能接收的（每人每天）合理价位是什么？

选项	小计	比例
200元以下	66	32.36%
200～500元	106	51.96%
500～1000元	12	5.88%
都能接受	20	9.8%
本题有效填写人次	204	

第 8 题　您期望度假村的餐饮模式是什么？

选项	小计	比例
自由点餐	56	27.46%
自助型	55	26.96%
提供套餐	21	10.29%
都有	72	35.29%
本题有效填写人次	204	

第 9 题　您对提供健身、调理等为主题的套餐的态度如何？

选项	小计	比例
很好啊，满足了不同人的需求，吃出了健康	109	53.43%
还可以，就是担心价位有点高	60	29.41%
完全没必要，自己点菜会更好	35	17.16%
本题有效填写人次	204	

第10题 您希望度假村具备哪些设施(多选)?

选项	小计	比例
KTV或棋牌娱乐	101	49.51%
健身设备	103	50.49%
特产超市	90	44.12%
露营、烧烤	147	72.06%
温泉SPA	137	67.16%
本题有效填写人次	204	

第11题 您对健身食谱的看法是什么?

选项	小计	比例
赞成并且愿意参考	116	56.86%
听说过但没有参考过	45	22.06%
只关心是否好吃，从不参考食谱	35	17.16%
没听说过	8	3.92%
本题有效填写人次	204	

第 12 题 您的性别是

选项	小计	比例
男	58	28.43%
女	146	71.57%
本题有效填写人次	204	

第 13 题 您的年龄是

选项	小计	比例
18 岁以下	3	1.47%
18～25 岁	85	41.67%
26～35 岁	23	11.27%
36～50 岁	80	39.22%
50 岁以上	13	6.37%
本题有效填写人次	204	

旅游攻略小集锦

草原天路

从东河村中直接穿行进入景区，绕着大营滩水库开车绕湖前行，沿湖的景色非常秀丽。在岸堤上向东眺望，就是平静的湖水，清澈见底，岸边设有钓鱼台，游客和周边村民可以享受垂钓的乐趣；向西则是一大片湿地，覆盖有翠绿的草地，称为坝上草原。在小山之间，点缀有一些林子，自然生长，无忧无虑，树不高，较粗，一眼看过去就知道是结实的坯子。远处都是分布在草原上的风力发电机塔，不紧不慢，缓缓转动。这里视野非常开阔，随意登上一个小山包，向下俯瞰，眼里尽是翠绿。

继续沿路前行，在一处隐蔽的林中，会发现有一条曲径通幽的小路，通往一处小山谷。这没有开发过的小径，都是泥巴，若是下雨，会非常泥泞，车辆几乎无法通行，只能停车步行上山。这样就难以避免鞋底沾满泥垢。上山的路不远，甚至可以另辟蹊径，在草丛中自己开出一条小路，倒也别有情趣。山路上是真真切切的五步一景，向下俯瞰，尽收眼底的都是草原，一望无际，凹凸有致，偶有小树林生于其间，天空蔚蓝，白云团团，能看到日光被云朵所隔断，在大地上印出点点阴影。

路的尽头，是一处小谷地，三面都是断壁，露出里面奇异的岩石结构。这里从前有一处矿坑，盛产一种绿色透明的矿石叫橄榄石，非常美观，象征着和平、幸福、安详，现在为了保护生态已经停产。

继续行车至鸡冠山观景台，这里也是明长城遗址。鸡冠山，顾名思义，即一处不高的小山包，因外形神似鸡冠而得名。主要的景色不在这鸡冠山，还是得放眼远处的草原。在明长城的架构之上，由近及远，绵延起伏，都是延展不间断的绿

色。草原的狂野、性感、奔放，正是这片土地最大的魅力所在。山岭之间，坐落着一些村庄，多半是砖墙，偶有泥坯垒起来的院子。在观景台上能够观察到阳光在云间投下的阴影在山间缓缓偏移，接连没过一个个村子，世界就像一纸图画。

山林

向着山中进发，因山中无路，可以自带一把小小的镰刀用来在枝叶繁茂的群岭之中开出一条小径。这儿的树林建设完不久，一般的松树大约只在20年树龄出头，但是已经初具规模，有的地方几乎无法穿行。这样一个几乎原生态的山林，才最引人入胜。林中，旅客的自由度非常高，翻山的路不会很崎岖，海拔的变化不大，由此，可以以一种非常舒适的运动量来体验原始的翻山越岭征程。

如果观察仔细，可以在树荫下发现一些野山菌，数量不多，主要以9月份为盛，多数可以食

用，亲手采摘也是一种别样的农家生活体验。

田野

一个远离喧嚣的村庄，其最主要也是最重要的组成部分，必须是泱泱田地。东河村现在主要的粮食作物是土豆、玉米，同时也种有燕麦。在这些朴实的粮食作物之间，点缀有如波斯菊、松木等景观植被，成片种植，相比城中那些单独成景的植株，可以说是别样的壮观。

成行的玉米地，则似一个无言的温柔乡，漫步其中，别有情趣。行走在田埂上，三两步之间，脚下就会出现一个大蚂蚁窝，或是成群蟋蟀所经营的小小洞穴。两边是纵情生长、丝毫不带矜持的波斯菊。如此田园风光，进村不下地，绝对是一种遗憾。

熬菜

熬菜其实就是炖菜，把白菜、茄子、豆腐、土豆等食材先用油炒到半熟，再加入热水，小火慢炖。食材的这种烹饪方法尤为适合招待一大桌子的人，省时省力。熬菜的汤汁浓郁，拌入米饭、面条中，得到味蕾和肚子的双重满足。

莜面

莜麦是当地较为有名的一大主食，手巧的乡亲们把它磨成粉，揉成面团，再做成各种形状。形似笔筒的叫莜面窝窝，像面条一样的叫莜面鱼鱼。莜面劲道有弹性，还有淡淡清香。

黄米糕

黄米相对于莜面，在当地不是那么的出名，但同样别有一番风味。头道工序与上述相同，黄米磨成粉、揉成团，蒸熟后，可以直接泡在熬菜的汤汁里，也可以切成小块，炸至金黄蘸白糖吃，前者口感软糯、米香浓郁，后者表面酥脆，可以作为餐后点心。

凉拌菜

田地里、院子里都种着纯天然无公害的蔬菜，

我们享受着采摘乐趣的同时，脑海里想象着它爽脆的口感。

先用水焯一焯，再放入酱油、醋、白糖等调味料拌一拌就可以享用啦。

当地还有蒲公英、苦菜等野菜，可谓是夏日消暑解腻的好菜品。

神泉

在小镇没被开发之前，村里没有自来水，是这口常年流动、从不干涸的神泉养育了村民们。泉水冬暖夏凉，口渴了就靠在泉水边畅饮，瞬间清凉解暑。

烧烤、篝火

小镇里还会提供烧烤架、种类丰富的烤串和帐篷，一边与亲朋好友聊着天，一边吃着自己亲手烤的食物，累了就进帐篷里休息。若是意犹未尽，还可以捡些柴火，围着篝火跳舞。

星空

村中的星空，也是不可多得的美景之一。捧一壶热茶，待夜幕降临，凉风习习。大可与熟人歪七扭八地坐在村口的大石头上，畅聊人生，不觉间，已明月高挂。待夜色渐深，就可以看到宁静夜空中点点繁星，有的忽明忽暗，有的光亮异常，无须任何天文设备即可享受到天文观测的乐趣。星空是静谧的，是神秘的，与世外桃源般的东河小镇可谓是相得益彰，一定不能错过。

我们的思考

我们认为，本次社会实践是有很大的积极意义的。我们只有真正走进农村，才能对我国的农村有理性的认知，只有认识并懂得了什么是贫困，才能把学到的知识有理有序地运用到扶贫工作中，真正实现乡村振兴。

在这次实践中，我们在了解农村真实现状的同时，发挥专业特长，努力按计划做好当地项目的宣传工作，为当地的建设发展奉献自己的绵薄之力。

从实践活动第二天开始，我们就忙碌地工作。本着“不了解农村，就不了解中国”的理念，我们到当地小学以及学生的家里进行了走访，并走访了当地农民。通过这些活动，我们真切地看到和了解了目前农村的现状，也体会到农民生活的不易。同时，对国家关注“三农”问题有了更深刻的感悟。只有真正了解中国农村社会的结构变革与变迁，才能把“解民生之多艰、育天下之英才”的校训落实到实处，成为国家需要的“一懂两爱”人才。

结束基本情况了解工作后，我们通过到附近旅游景点参观，亲身体验了各种活动，力求对当地建设项目有多角度的了解，再以我们青年人独特的视角向当地的项目负责人提出自己的新看法。之后，团队成员们齐心协力，在小镇建设的宣传工作和建言献策方面付出了努力。我们尝试策划广告，制作视频，发表微博与推送微信，这些都得到了肯定和赞许。同时，我们充分发挥学科优势，仔细斟酌，编写了推荐当地特色食物的食谱，力争为小镇的发展添砖加瓦。

在最后的阶段，我们一起完成学校与志愿服务的总体任务，审视了我们在整个实践过程中的优点与不足，并且互相鼓舞，共同进步。

在此，我们必须向所有队员表示敬意，大家持之以恒，不怕艰辛，圆满完成了各项任务。同时，我们还要向所有提供帮助的老师、当地负责人、大娘以及配合我们进行社会调研的各位校友以及乡亲们表示真挚的谢意。

下篇

夏日里的B1512小仙女们有了一次金工实习

B1512 标志图

金工实习心得

著名的中国农业大学里，有一座著名的建筑叫“公主楼”，公主楼里有一个房间叫B1512，这里住着食品工程学院2017级173班的6名小仙女。

在这个夏天里，6名小仙女不仅共同完成了乡村振兴社会实践活动，还共同完成了金工实训实习。

当然，既然是小仙女，当前时髦的网络社交模式建立公众号发布消息是不会被她们错过的。于是，人们就发现在众多的微信公众号里，有了一个叫“B1512”的公众号悄悄地用她们充满灵气的图文吸引了大家的眼球，大有天天被粉丝求更、等更的味道了。

钳工第一天

我是一块坚韧不拔的铁，
任何人都无法动我分毫

任何人……

任何……

18

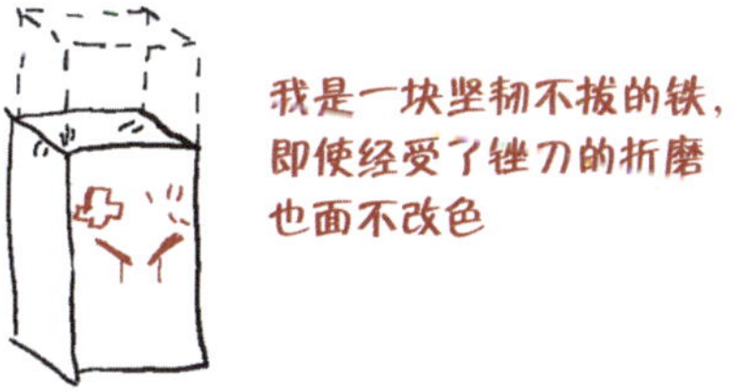
我是一块坚韧不拔的铁，
即使经受了锉刀的折磨
也面不改色

面不改色……
锯子

面不……

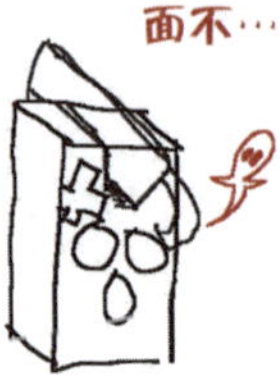

铁块，卒。

我是那块坚韧不拔的铁的
另一半……
字面意思的另一半……

当我被竖起来的时候
我知道大事不妙

当我被画好尺寸之后
我知道
我可能
要去见另一半了……

果然不出所料……

每多一个人
进行金工实习
就多一只铁块
被杀害……
拯救铁块
拒绝金工实习

从我……
金工实习要开始了！
迟到要扣分的……

我……

……

遵守安全规则，服从组织纪律

积极参与金工实习，从我做起

这是我们第一次用板子画画，“丑萌”画风见谅……

另外，我们的公众号真的没凉，从今天起重新启用！这个 flag 我们就放这里了。

不小心超了 12 点……我们真的很尽力了！

以后有机会再给大家看我们的草稿（真的比板绘好看得多）！

（图、文案/魑魅魍魉、中心对称）

钳工第二天

我是一只手

一只白嫩干净的手

我已经上过安全教育课了

一定能顺利完成！

锯子什么的

小心点用

一定没事的！

flag
x3
锉刀什么的
根本
不可能受伤啊

铁块什么的
怎么可能不安全
flag
×4

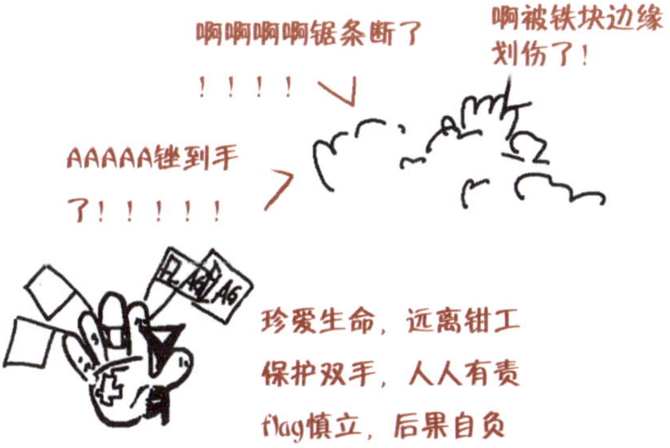
啊啊啊啊锯条断了
！！！！
啊被铁块边缘
划伤了！
AAAAA锉到手
了！！！！！
珍爱生命，远离钳工
保护双手，人人有责
flag慎立，后果自负

要倒角了?
没错
要钻孔了?
是啊……
那……那么多人的吗?
慢……慢慢等吧……

（1 个小时之后……）

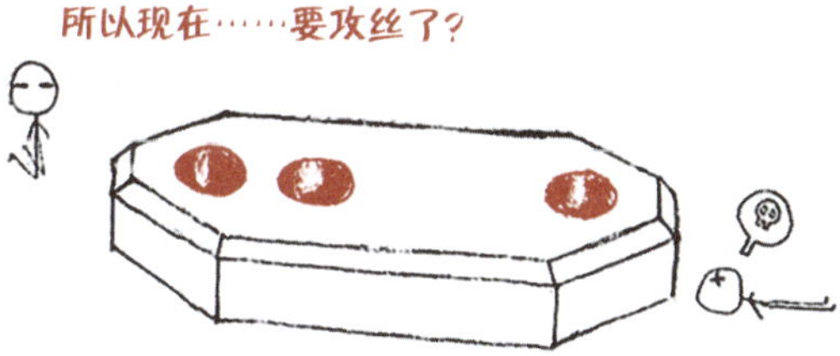

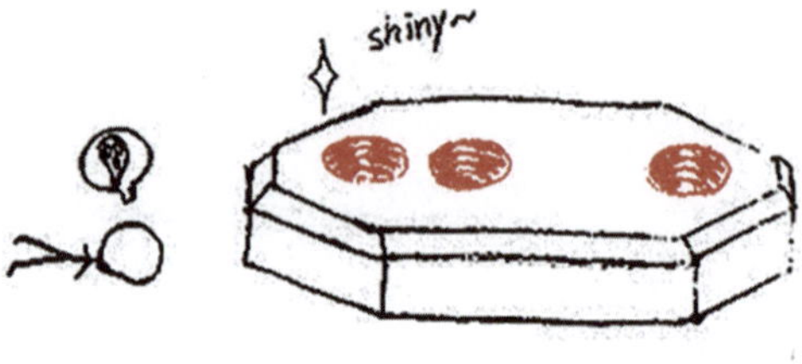

今天是金工实习第二天，也是我们公众号第一次连续更新！

感谢各位父老乡亲们的鼎力支持！（阅读量创新高后我们惊喜到起飞！）

今大我们用了两种画画方式，一个是像昨天一样直接板绘（有没有觉得技术提高了？但依旧还是很崩溃！不会用啊！）另一个是手绘然后扫描再 PS 加工（宿舍里唯一一个会用 PS 软件的人被剥削惨了！）

另外，不知道大家发现没有，我们公众号开始搞原创文章了（之前都没听说过居然还有这个功能）。然后呢，原创文章的要求是——字数不少于 300 字，可是——我们是画图的啊（两个“手绘狗”哭死在画板前）。

（图/魑魅魍魉、中心对称　文案/魑魅魍魉）

普铣

今日文案落在了经历了两天钳工折磨、今天终于铣工翻身的我身上。从敲敲打打磨磨钻钻没

力气被嫌弃，终于在开车这一项上，体会到了人生的升华（骄傲脸），虽然不知道听见了多少次老师的“你起开！”但是，也没什么好但是的，可能老师觉得这真的是个可爱姑娘（我觉得没什么好解释的）。最后我真真切切地感受到，人并不是所有东西都擅长的，所谓一颗螺钉要把它放在合适的孔里，它才能发挥最恰到好处的作用，就比如我。

（实在编不下去了，整一文案就像是个人秀，但是也没什么办法，望理解）

但愿魑魅魍魉女士明天早上又是活泼的、高大威猛的、蹦蹦跳跳的女车工。也提醒各位亲朋好友注意身体，夏季不要太贪凉，室内注意定时通风，以防病毒乘虚而入。

女铣工明日就是女车工了，又会有怎样新奇的体验呢？

期待……

（图/中心对称　文案/梅菜扣肉）

车工

车工是一个非常危险的工作，
稍有不慎就会出安全问题，
非死即伤！
这是身为一个长者的忠告！

天啊！车工好可怕，555……

我怎么教的？
能这么操作吗？
你听讲了吗？
怒
怂！
天啊！老师好可怕……

尺子你都不会用吗？
你还敢说自己学过？
怒
怂
天啊！我干啥了？
咋又被骂了……

1毫米是25格！
为什么不会算0.2毫米
转多少格？
怒
怂
唉，骂就骂吧！
这是第一百零几次了？

昨天“水”了一更心里非常过意不去，在这里给各位父老乡亲们道个歉！不过今天貌似又有一个小仙女生病了……希望大家注意身体啊。另外，今天我们尝试了更高级的软件，好用到起飞了！最关键的是，可以上色！虽然效果很像幼儿园小孩画的，但还是很激动啊！

今天遇到了目前为止最“可怕”的师傅，觉得和“恐怖”的车工师傅相比，本来应该很“恐怖”的车工都变得亲切和蔼了呢！这就叫牺牲自己保护学生的机智办法吗？很好奇今天有没有没被师傅吼的小可爱？

（图、文案/魑魅魍魉）

线切割

线切割可以说是最轻松的工作了……

但是……

切一个工件需要十多分钟

我们有32个人

机器只有两台

我们能做的只有等待

等啊……等啊……

等到花儿都谢了……

终于……

“终于轮到我……”
老师

“好了，今天就到这里，
没做完的同学下周一再来。”
老师

滴……

今天是金工实习第5天哟，一周时间就这样飞逝而过啦！

在这里要告知各位两件小事情：

No. 1，从今往后（其实是从昨天就开始的），原创画图就由魑魅魍魉和中心对称轮流创作，也就是说两人（基本上）以后就不会一起画同一篇推送啦！

No. 2，我们明天（周六）会中断更新一天（周日更不更看心情），一是因为周末放假，没有金工实习内容；二是可以把我们发推送的时间调整一下，所以以后的推送就能在当天（大概晚上九点半）出相应的内容啦！

（图、文案/中心对称）

激光雕刻

先来做内雕
老师

把玻璃块放进去就OK啦！

再等几分钟……

效果超棒……

做完内雕的同学来做木雕
老师

编好程序，开始运行！

比内雕慢很多……

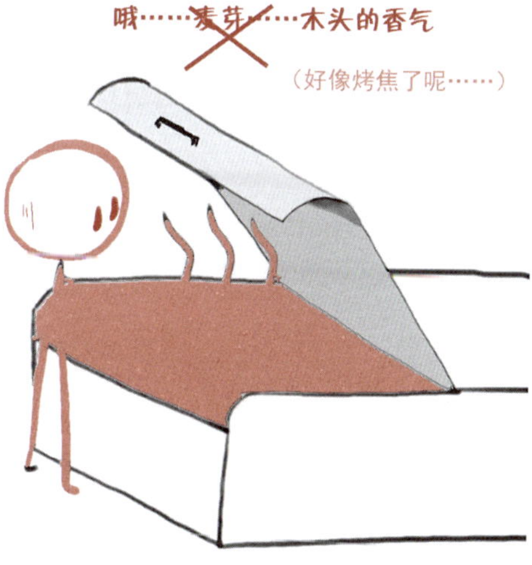
哦……麦芽……木头的香气
（好像烤焦了呢……）

数控铣

曾经的我们，
没有机器，
零件全靠手打……

现在的我们，
有了高级铣床，
计算机数字控制，
妈妈再也不用担心
我的零件加工了！

科技改变的不只是生活，还有我们的想法

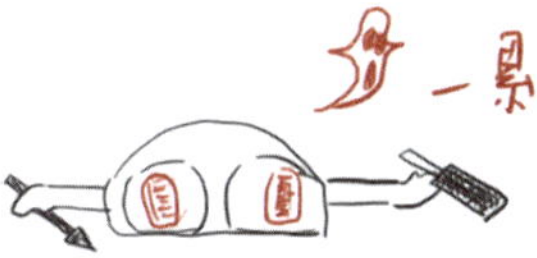

曾经的我们，
每次做完零件，
只想睡觉……

今天的我们，
做完零件，
只想赶紧买顶假发……

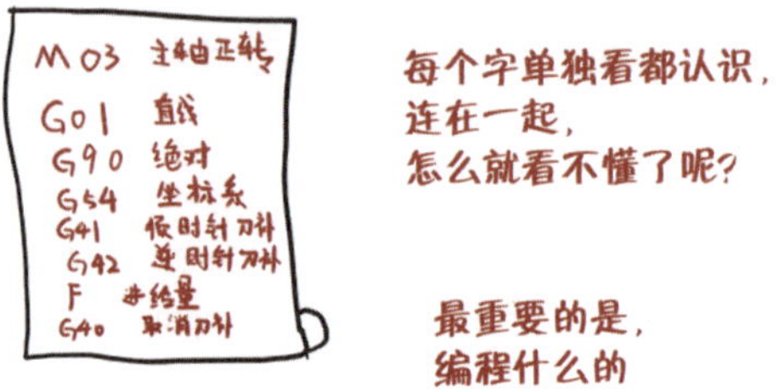
M03 主轴正转
G01 直线
G90 绝对
G54 坐标系
G41 顺时针刀补
G42 逆时针刀补
F 进给量
G40 取消刀补
每个字单独看都认识，
连在一起，
怎么就看不懂了呢？
最重要的是，
编程什么的

俺做不到啊……

10:00
生命值HP

12:00
生命值HP

14:30
生命值HP

16:41
生命值HP

啊! 终于编好了,
这么多脑细胞没白牺牲,
输进去运行一下!

WARNING!
警报! 错误!

我……

头顶有点凉……

今天我们开始正式走入现代化工种，人生第一次编程，感觉非常有（头）趣（秃）。给大家看一张我们编程的草稿纸，每一笔都是用无数脑细胞换来的——

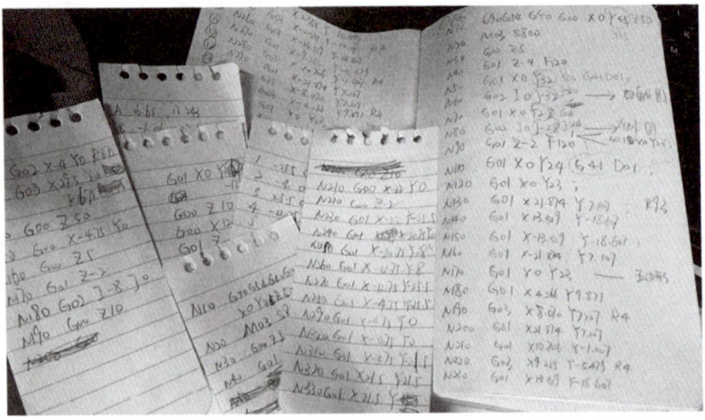

数控铣的草稿纸

在此心疼所有学计算机专业的同胞们……另外，要问我们为什么食品专业的学生要学编程这玩意儿——请来食品学院亲自学习体验一番你就知道了！

还有，最近晚上我们要（已经）开始上理论

课了，每天晚上9点下课，时间不够用啊！所以只能下了课再画画，再次哭死在电脑前。只能无数次在中断更新的边缘试探，不过我们还会继续努力！

（图、文案/魑魅魍魉）

数控车

特别提醒：在本图片里，那个紧挨车床的凳子上面火柴人的行为是被明令禁止的，图里面这么画只是因为蠢作者为了艺（显）术（得）效（人）果（多），现实生活中请勿模仿。

今天的实习内容是数控车，英文名叫作 NC Turning（NC 的全称是 numerical control）。

下面我把昨天数控铣的内容再给大家看看：

数控铣的冷却方式是风冷，如图所示，我们需要举起我们的小风枪（小风枪学名叫什么我并不知道），对准正在加工的部分猛吹，直到加工完成，大概十几分钟（整个过程下来基本上就是手酸胳膊酸）……相比之下，使用油冷的数控车就显得很友好了，按钮轻轻一按，冷却液就自动工作啦！

以上就是本次推送的全部内容，喜欢的朋友们动动手指点个赞啦！

（图、文案/中心对称）

铸工

论破坏与建设的难易程度

这是一堆土

如果你想把它做成一个模具
你只需要——

step 1

放入模样，把沙土铲进沙箱里

step 2

用沙春把沙子压平

一箱平整瓷实的沙子就完成了√

如果你想把这箱沙子恢复原样，
你却需要……

step 1

非常使劲地把沙箱竖起来
（非常重）

step 2

用手极其费力地抠下一块

step 3

用铲子十分困难地挖掉一个角
（非常硬）

step 4

用铁棒异常使劲地捅掉沙块
（太瓷实了）

step 5

用针特别麻烦地撬掉剩余的沙子

一堆土附带一个“死人”就完成了✓

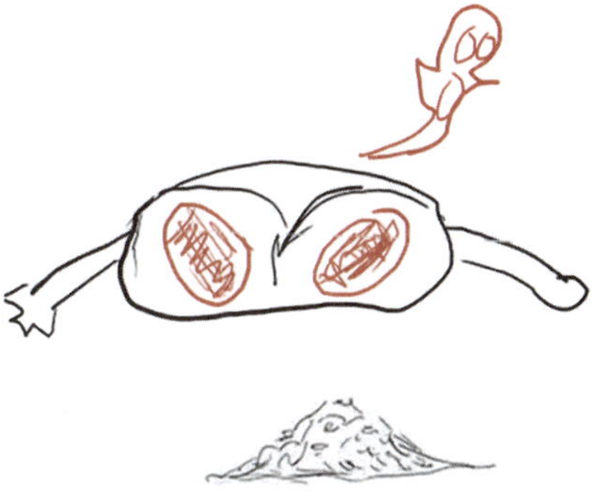

本来我们以为熬过了钳工就可以远离原始社会的累活，结果事实证明……naive！我摸着自己快磨出老茧的手发誓，铸工绝对是本次实习里面最累的活！铲了一天土不说，每次把压瓷实的土抠下来才是地狱啊！用尽洪荒之力才能勉强把春平的土倒出来，可谓是“破坏比建设”难多了啊！到了下午开始倒铝水，据说有840℃，倒铝水的手微微颤抖。给大家放几个失败案例（正确的是不应该倒在外面）。

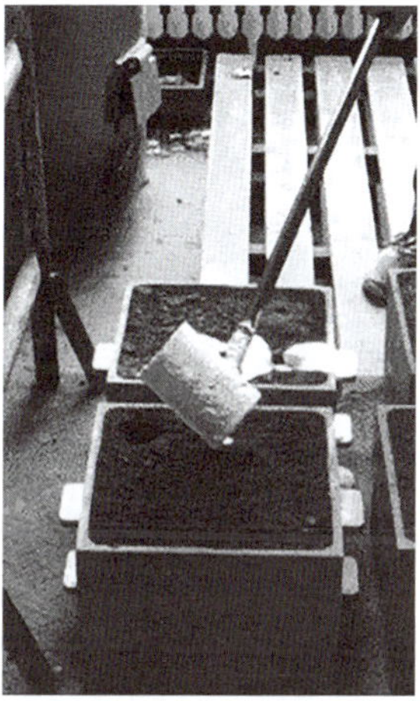

最后这个图就非常有意思了，铝水倒得非常好，但是当初春压的时候没有压平，结果就是铝水从两层之间漏了出来。

至于漏出来的铝水变成了什么样……

有没有感觉莫名像一些什么……哈哈！

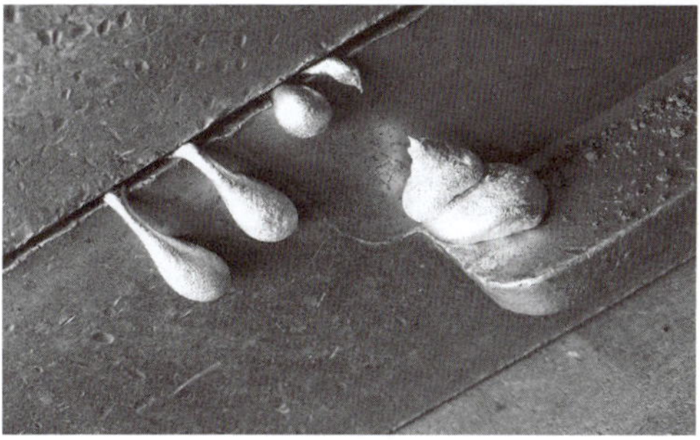

长相很奇怪的铝水

总之，我们的金工实习就剩下明天一天了，最近画风简单，因为马上要考试了——想不到金工实习还有理论考试吧？所以请各位父老乡亲们见谅。

（图、文案/魑魅魍魉）

焊工

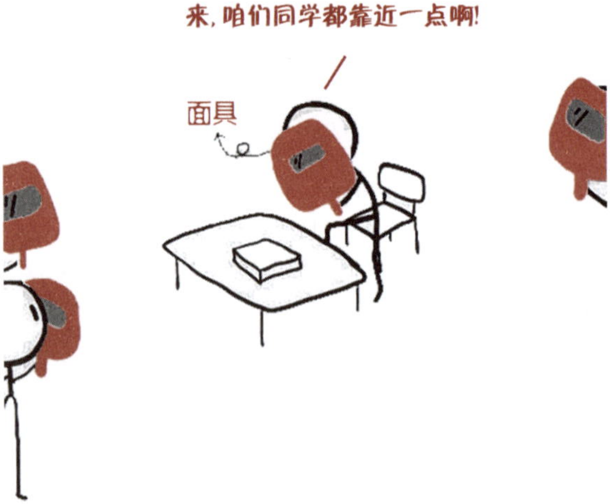
来，咱们同学都靠近一点啊!
面具

然后……

刺刺刺……刺激！

如图所示，今天的实习内容是焊接。我们所练习的焊接方式叫作手工电弧焊（简称电焊）。在老师进行了至少三次示范之后，我们开始（战战兢兢地）亲自动手。按照要求，一个人站在外面焊接，其他人站在里面观看。

焊接完成之后，还要用金属锤敲碎焊缝表面的保护膜，彼时金石之声在狭小的空间里回荡，伴随着隔壁组焊接时发出的耀眼光芒，让吃瓜群众都变成了“小聋瞎”……

除了焊接，我们今天还组装了帆船笔插。笔插的所有零部件都是我们之前自己亲手制作的！成就感爆棚啊有没有！

那么，到今天为止，金工实习的实践部分就全部结束啦！撒花撒花！

明天，B1512全体成员将会对这10天的奇妙经历做一个总结，各位读者有什么想询问的，尽管在本次推送下留言，届时我们会选取一些问题进行解答呦！

（图、文案/中心对称）

小仙女答读者问

女士们先生们，欢迎来到今天的金工实习《小仙女答读者问》专题栏目！

下面就开始我们的表演——

Q1. 莲子问：我是说笔插的图案为什么不是可爱的兔子？

A1：因为我们这个线切割只支持一笔画的图形，兔子的眼睛、鼻子、嘴比较复杂，不能一笔成形！（我才不会说是因为我们编辑轮廓图的时候失败了呢……）

Q2. 可普茶客问：果然是成就感爆棚，手握焊钳的感觉爽歪歪了吧？

A2：焊钳很沉，带着厚重的手套感觉像是没有手一样，角度、力度和移速都难以掌控。师傅说，这个东西，没个十年二十年的工夫，都不能做好！

Q3. clj 问：实习成品挺有创意，有意出售吗？

A3：我们的成品都是非卖残次品，如果不嫌弃的话，请单独联系卖家哟，亲！

Q4. 余子将问：10 天修炼发现自己潜在的能成为大国工匠的基因了吗？

A4：没有，下一个！

Q5. 余子将问：10 天经历最美妙的是电焊的火光四溅还是指导老师犀利的眼神？

A5：都是同样的酸爽……

Q6. 余子将问：10 天实习将改变些什么，回到食堂会在不锈钢餐具面前反复端详、驻足不前吗？难道面对美食这些担心都是多余的吗？

A6：10 天实习生活改变了我们对在工厂上班的看法，想要做好任何一项工作，都需要严谨的态度、丰富的经验和不断地练习。至于说在食堂会不会对餐具流连忘返嘛……我们学校“公主楼”食堂的盘子碗基本上都是塑料的，并不会勾起我们对金工实习的回忆！

今天的《小仙女答读者问》就到此为止了，感谢读者朋友们的支持，也感谢你们这十几天来的陪伴！

我们公众号持续出推送的优良传统到明天也就不复存在了……不过各位读者别急着取消关注我们，因为说不定哪天我们就会再次突然出现呢！

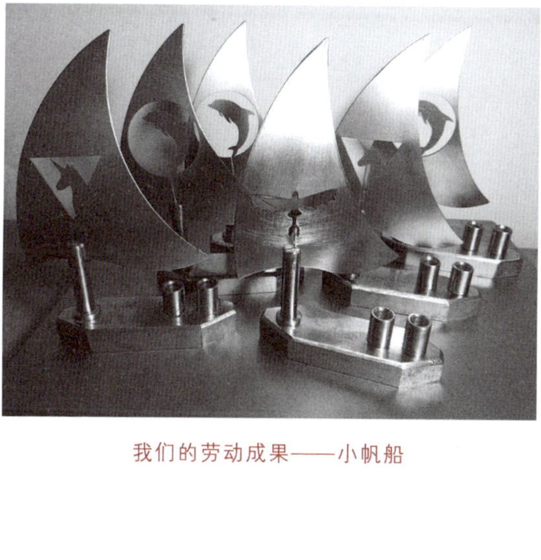

我们的劳动成果——小帆船

看看我们的劳动成果！每一个零件都是我们一点一点打磨制作出来的，虽然粗糙，但是每一个部分都包含着我们的汗水和努力。

（文/梅菜扣肉、中心对称）

致　谢

盼望已久，从一名中学生变为大学生后的第一个暑期终于来到了。

感谢中国农业大学特别的小学期制，让我们有了一个全新的、活动满满的暑期，正可谓是——别样的夏日青春漾！

于是，我们在这个夏日里，体验乡村，漫步工厂，进行了别具一格的 90 后大学生的夏日青春漾。

于是，我们有了这本完美体现我们此时心情的《90 后农科学子的夏日青春漾》。

虽然休闲的时间短了，但难得的乡村体验及工厂实践的经历让我们受益终生。

大学里最要紧的事情就是读书。读好书，会

读书，得个中之趣，是我们努力的目标。

谢谢一路上给予我们支持的师长、校友们。

我们会更加努力的！